PHILIPP ZIEGER

SÄCHSISCHE SCHWEIZ

EINE ENTDECKUNGSREISE IN FASZINIERENDEN BILDERN

INHALT

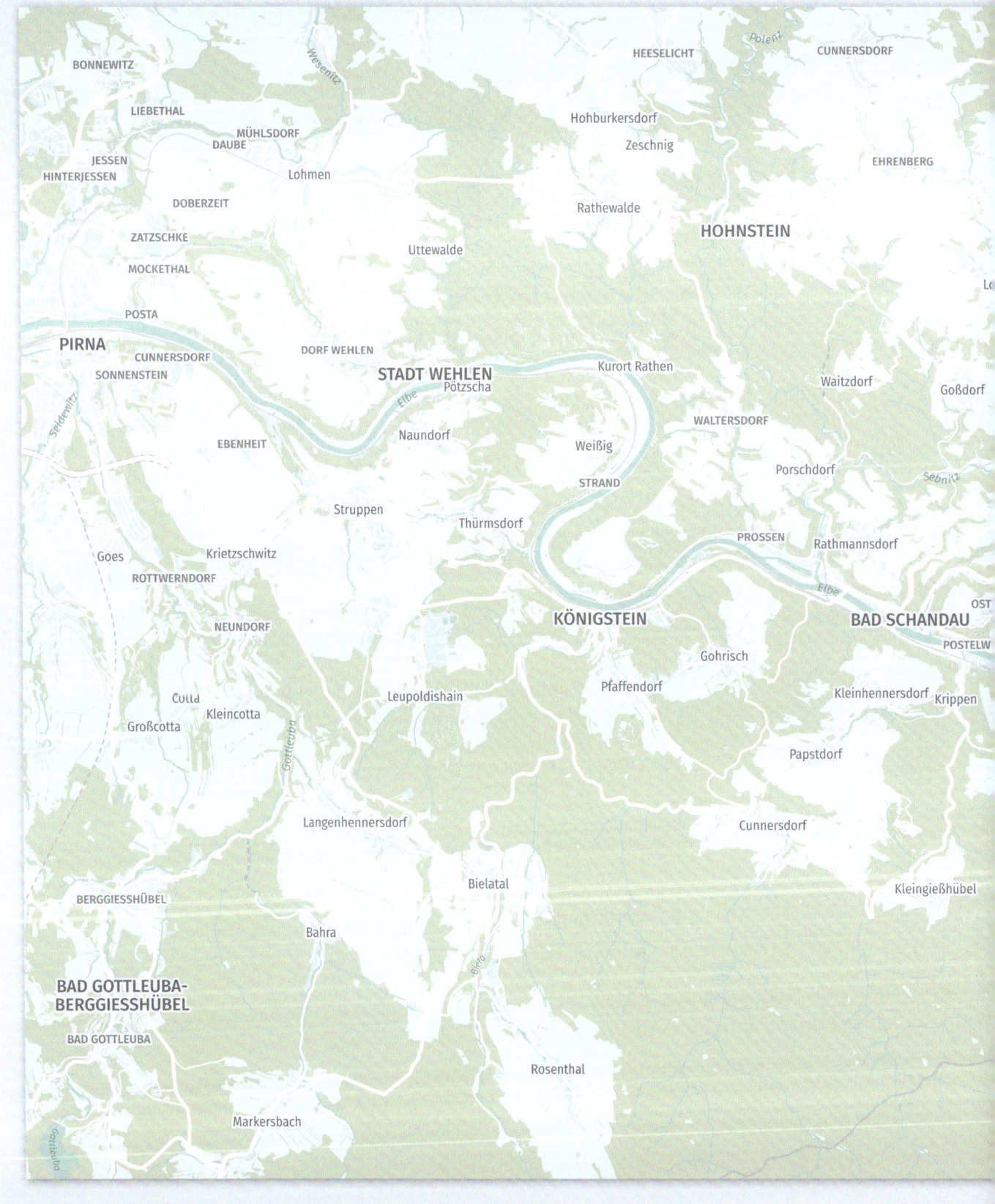

Eine Entdeckungsreise beginnt	6
Die Sächsische Schweiz	8
Eine landschaftliche Perle	8
Die Elbe	10
Nebel	12
Stiegentour	14
Freiheit	15
Unterwegs	16
Der Malerweg	17
Vom Liebethaler Grund bis nach Altendorf	18
Faszination aus mystischen Tälern, bizarren Felsformationen und malerischen Ausblicken	20
Von den Schrammsteinen bis zum Neuen Wildenstein	54
Auf abenteuerlichen Wegen	56
Die Hintere Sächsische Schweiz	94
Ein Erlebnis zwischen Stille und Trubel	96
Vom Zirkelstein zum Großen Bärenstein	120
Das Gebiet der Steine	122
Die Magie der Nacht	144
Mystische Dunkelheit	146
Danksagung	162
Der Fotograf	163
Kameraeinstellungen	165

EINE ENTDECKUNGSREISE BEGINNT

Meine Füße sanken sanft auf dem mit Tannennadeln bedeckten Waldweg ein. Die kühle Morgenluft an diesem Märztag strömte in meine Lungen, und im Schein meiner Stirnlampe bewegte ich mich leise und achtsam. All meine Sinne schienen diesen Augenblick aufzunehmen. Vereinzelt ertönte etwas Vogelgezwitscher.

Ich hatte keine Vorstellung, was mich am Ende meines Weges erwarten würde. Im Herbst war ich zwar schon einmal hier entlanggegangen, doch dieses Mal wollte ich nach einer neuen Aussicht Ausschau halten. Ich hatte noch nicht einmal die Wettervorhersage überprüft, bevor ich mich kurz vor 5 Uhr morgens aus dem Bett schälte. Mein einziger Antrieb war das Einfach-Rausgehen. Da ich zuvor erst wenige Male einen Sonnenaufgang fotografiert hatte, war ich auch noch sehr unerfahren in diesem Metier.

Die Aussicht am Großen Bärenstein lag nur noch wenige Schritte vor mir. Meine Vorfreude stieg immer mehr, als mein Blick durch die ersten Baumlücken in die Weite drang. Es war, als wäre mir ein Schleier von den Augen genommen worden. Meine ganze Kindheit und Jugend lebte ich am Rande der Sächsischen Schweiz und hatte keine Vorstellung von dem Ausmaß dieser einzigartigen Landschaft. Nun dehnte sich scheinbar die gesamte Vielfalt der Sächsischen Schweiz vor meinen Augen in großer Klarheit aus. Zu meiner Linken der Rauenstein, auf dessen Gipfel, in den Felsen geschmiegt, ein kleines Gasthaus steht. Direkt vor mir das Wahrzeichen und der größte Tafelberg des Elbsandsteingebirges, der Lilienstein, und zu meiner Rechten, hinter dem Kleinen Bärenstein, die historische Festung Königstein.

Der bissige, kalte Wind des ausklingenden Winters und die Müdigkeit machten mir an diesem Tag nichts aus. Es war ein Weckruf von innen, der mich noch lange nach diesem Morgen begleitete. Was weiß ich denn schon von der Landschaft, von den Felsen und Bergen, Schluchten und Wäldern? Wie riecht es im Herbst, im Winter oder an einem lauen Sommerabend hier draußen? Wo war ich all die Jahre, und was bedeutet eigentlich Heimat?

Ich bekam riesige Lust, mit meinen eigenen Füßen dieses Schatzkästchen der deutschen Mittelgebirge zu erleben. Denn man kann nur von dem Weg wirklich erzählen, den man selber gegangen ist. Als Pädagoge ist mir dies schon sehr früh in meiner Ausbildung bewusst geworden. Also sammelte ich allerhand Karten und machte mich im Sommer 2015 auf, den Malerweg entlangzuwandern. Wahrzeichen, Wege und Aussichten bekamen dadurch für mich eine ganz neue Gestalt. Alles trat in Bezug zueinander, und die scheinbar verwundene Topografie dieser Region wurde für mich verständlich.

In den darauffolgenden Jahren sammelte ich auf sehr vielen kleineren und größeren Wandertouren unzählige Eindrücke und konnte dabei auch meine Fähigkeiten in der Landschaftsfotografie weiterentwickeln. Die Sächsische Schweiz wurde dabei zu einem wichtigen Teil meines Lebens und prägt bis heute mein Heimatgefühl nachhaltig. Gleichzeitig war ich aber immer wieder nur ein Gast in dieser uralten Naturlandschaft. Ich war stets bestrebt, mit meiner Fotografie den Zauber dieser Natur festzuhalten und mich gleichzeitig so zu verhalten, als wäre ich nie da gewesen. Was ich aus meinem Dialog mit der Natur mitnahm, sind die Fotos und sehr viele schöne Erinnerungen.

DIE SÄCHSISCHE SCHWEIZ

EINE LANDSCHAFTLICHE PERLE

Am Oberlauf der Elbe, direkt an der Grenze zu Nordböhmen, liegt die Sächsische Schweiz. Ihren Namen erhielt der deutsche Teil des Elbsandsteingebirges vermutlich von den Schweizer Malern Adrian Zingg und Anton Graff, die im 18. Jahrhundert Studienreisen hierher unternahmen und von der landschaftlichen Ästhetik überwältigt waren. Sie bemühten den Vergleich zu ihrer Schweizer Heimat, um Kollegen und Freunden von diesem Ort erzählen zu können. In der Epoche der Romantik kamen unzählige Künstler in die Sächsische Schweiz und verhalfen dieser Landschaft mit ihren Werken zu großer Bekanntheit.

Dichter, Philosophen, Komponisten, Maler, Bildhauer – sie alle versuchten mit ihrer Kunst den Menschen Einblick in diese Felsenwelt zu verschaffen. Steil aufragende Felswände, skurrile Steingebilde, wilde Schluchten, singende Flüsse und weite Wälder, ein Ort, wie geschaffen für den Zeitgeist der Romantik.

Über die Jahrhunderte hinweg wandelten sich die Moden, die Naturwissenschaften und auch das Kunstverständnis, dennoch verlor die Sächsische Schweiz ihre Bedeutung für die Menschen nie. Vielleicht liegt dies auch daran, dass die Sächsische Schweiz direkt vor den Toren der Kunst- und Kulturstadt Dresden liegt. Studenten und Kunstschaffende suchen und finden hier immer wieder Quellen der Inspiration. Die Weite und das Freiheitsgefühl, das man hoch oben auf den Gipfeln findet, befreien den Geist. Die mystischen Schluchten, Höhlen und feuchten Gründe lassen die Menschen eher in sich kehren und regen die Phantasie an. An den steilen, hohen Felswänden stärken sich in einer Seilschaft die Abenteuerlust und das Gefühl der Zusammengehörigkeit.

Dieses kleine Mittelgebirge im Osten Deutschland glänzt nicht durch die höchsten Berge, die größten Wälder und die weitesten Seen. Es sind vielmehr die zahlreichen, pittoresken Felsformen im Wechsel mit den geschwungenen Hügeln und urigen Wäldern, die sich die Elbe entlang von Schmilka bis Pirna befinden.

Seit etwa 150 Jahren gab es immer wieder Maßnahmen, die zum Schutz und Erhalt der Natur im Elbsandsteingebirge dienten. Vor allem im 20. Jahrhundert wurden diese Bestrebungen konkreter. Heimatschutzvereine gründeten sich und riefen die Gebiete um das Polenztal und der Bastei zu Landschaftsschutz- bzw. Naturschutzgebieten aus. Weitere Gebiete, vor allem in der Hinteren Sächsischen Schweiz, folgten. Auch für die Tierwelt versuchten die Menschen seit 1957 Schutzgebiete zu schaffen. Gerade in der DDR gewann die Sächsische Schweiz erneut an großer Beliebtheit, was unter anderem auch in den restriktiven Reisemöglichkeiten begründet lag. Zeitgleich wuchs aber auch das Engagement der Naturforscher, Naturliebhaber und Heimatvereine, den sensiblen Umgang mit dieser Naturlandschaft zu fördern, die Menschen aufzuklären und gegebenenfalls Fehlverhalten zu kontrollieren. Bestrebungen, einen Nationalpark zu gründen, gab es bereits in den 50er Jahren, sie wurden jedoch von der Regierung zurückgewiesen. Erst mit der Wende wurde per Verordnung am 12. September 1990 die Sächsische Schweiz in einen Nationalpark umgewandelt.

DIE ELBE

Wie kaum an einem anderen Ort in Deutschland hat ein Fluss die Landschaft über Jahrmillionen bis in die Neuzeit so sehr geformt und wirtschaftlich, gesellschaftlich und kulturell geprägt wie die Elbe die Sächsische Schweiz.

Vor 90 Millionen Jahren, zur Kreidezeit, befand sich über dem heutigen Elbsandsteingebirge ein riesiges Meer. Mehrere hundert Meter starke Sedimentschichten lagerten sich auf dem Meeresgrund ab. Nach dem Rückgang des Meeres formten nicht nur tektonische Verschiebungen das Gebirge, sondern neben der Erosion vor allem auch die Elbe und ihre Nebenflüsse, die sich durch die weicheren Sedimentschichten tief in die Landmasse hineingruben.

Als natürliche Grenze und als Handelsweg gewann die Elbe schon im frühen Mittelalter zunehmend an Bedeutung. Erste slawische Siedlungen entstanden an ihrem Oberlauf. In der Renaissance und im Barock verhalf sie Pirna und Dresden zu einer großartigen baulichen Entwicklung, denn auf ihr konnte der heimische Sandstein, der sich als ungemein vielseitiger Baustoff zeigte, hervorragend transportiert werden. Diese Verbindung zwischen Elbe und Sandstein ließ vor allem Dresden zu einer der größten Kulturstädte Europas werden. Auch im Elbsandsteingebirge entstanden durch den Aufschwung, den Handel und das Kunsthandwerk viele kleine Siedlungen und Ortschaften.

Mit dem Fluss kam aber nicht nur Glanz und Aufschwung, sondern auch die Einsicht, dass alles vergänglich und die Natur mitunter unbezwingbar ist. So wie die Elbe durch die trockenen Sommer in den vergangenen Jahren mit stetigen Tiefständen für starke Einschränkungen im Schiffsverkehr sorgte, versetzten die immer wiederkehrenden Hochwasser (zuletzt in den Jahren 2002, 2006 und 2013) die Menschen in Angst und Schrecken. Gerade von Schmilka bis Pirna ist das Elbtal so schmal, dass es nur sehr wenig Puffer bietet, damit sich das Wasser ausbreiten kann. Alle Dörfer und Städte entlang der Elbe standen teilweise mehrere Meter unter Wasser. Nur durch die große Solidarität und Hilfsbereitschaft, durch Kraft und Mut konnten diese Orte verhältnismäßig schnell wieder von all dem Schlamm befreit und die Häuser und Straßen wiederaufgebaut und erneuert werden.

Die Elbe ist fast wie eine Lebensader für Mensch und Natur in der Sächsischen Schweiz. Selbst wenn man Handel und städtischem Trubel entlang des Flusses wenig abgewinnen kann – ein Zauber, dem sich fast niemand entziehen kann, ist der Nebel, der sich hier im Elbtal regelmäßig bildet.

NEBEL

Nebel gehört genauso zur Sächsischen Schweiz wie die aufregende Felslandschaft. Das relativ schmale Elbtal dient dabei als willkommener Feuchtigkeitslieferant. Aber auch das Polenztal, das Kirnitzschtal und die Edmundsklamm sorgen regelmäßig für die notwendige Luftfeuchtigkeit. Gerade Landschaftsfotografen sind immer wieder darauf aus, eine dieser besonderen Nebelstimmungen auf ein Foto zu bannen. Mit ausgefeilten Analysen mehrerer Wetterdaten wird versucht, den richtigen Zeitpunkt abzupassen und den richtigen Ort zu wählen. Nebel ist nämlich nie gleich Nebel. Das weite, geschlossene Nebelmeer, bei dem man sich wie über Wolken und frei wie ein Vogel fühlt, ist gar nicht so leicht anzutreffen. Ein paar Meter Höhenunterschied können darüber entscheiden, ob man im oder über dem Nebel steht.

Doch bei aller Planung und Erfahrung, das Erlebnis, einen Sonnenaufgang mit Nebel zu betrachten, rührt mich immer wieder tief im Innersten und kann immer wieder anders sein. Dynamisch verwandelt sich die Natur, und mit der fortschreitenden Zeit verändert sich die Nebeldecke. Züngelnde Schleier steigen aus den tiefen Wäldern empor, Dunst zeichnet die Farben in der Natur milchig, und zu der beeindruckenden Sandsteinkulisse gesellt sich noch ein Lichtstreif dazu. Diese Momente wirken, als seien sie aus einem Märchenbuch gefallen.

Ein Teil dieses Zaubers erwächst aus dem Umstand, dass plötzlich Fels- und Landschaftsstrukturen auf die Bühne treten, die vorher fast unsichtbar schienen. Manche Formen der Felsen erwachen scheinbar zum Leben, gesellen sich zu den Baumkonturen dazu und erzählen ihre eigenen Geschichten.

So frei, wie man sich fühlen kann, wenn man oben auf dem Felsen steht und im Tal der Nebel liegt, so beklemmend und geheimnisvoll kann es sein, steht man im selbigen und kann vielleicht nur zehn Meter weit blicken. Nahestehende Felssäulen sind dann nur noch schemenhaft zu erkennen, die Tiefe verliert sich in einem einzigen Grau, Tautröpfchen reihen sich auf dem Heidekraut aneinander, und die nasskalte Luft dringt durch jede Ritze. Erst nach einer gefühlten Ewigkeit erscheint die Sonne irgendwo im Nichts als silbrige oder goldene Scheibe. Es wirkt, als hätte die Natur eine dumpfe Müdigkeit befallen, und gleichzeitig klingt das Singen der Vögel heller als an anderen Tagen. Mit dem Lauf der Sonne hebt sich schließlich irgendwann der Vorhang aus grauem Nebel, und man hat den Eindruck, als hätte man noch nie klarer und weiter gesehen.

STIEGENTOUR

Eines sei vorweggenommen: In der Sächsischen Schweiz gibt es einige Aussichten, die fast barrierefrei zu erreichen sind, zum Beispiel die Bastei oder der Brand. Nimmt man sich jedoch vor, andernorts wandern zu gehen, muss man sich darauf einstellen, einige, wenn nicht sogar sehr viele Stufen, Treppen, Leitern und Stiegen zu überwinden. Fast alle von ihnen tragen interessant klingende Namen: Himmelsleiter, Wolfsschlucht, Rübezahlstiege, Nadelöhr oder Wilde Hölle sind nur ein paar der Namen, die schon vor der Wanderung Respekt einflößen. Schmalste Treppen, steilste Leitern oder ausgesetzte Eisenbeschläge führen meist mit viel Felskontakt den Berg hinauf. Berührt man den Fels bewusst, fühlt es sich immer wieder anders an. Es lohnt sich, mal ganz bewusst darauf zu achten.

Egal wie kalt es draußen ist, auf den vielen Stufen wird einem schnell warm, und man muss teilweise mit viel Körpereinsatz, Verrenkungsübungen und gegenseitiger Hilfe die Herausforderung meistern. Wenn man für diese Art von Wandern eine gewisse Affinität pflegt, kann man gerade zwischen den Schramm- und Affensteinen von früh bis spät die unterschiedlichsten Stiegen munter auf und ab gehen. Dies ist jedoch nur denjenigen zu empfehlen, die frei von Höhenangst sind – oder aber es ist der harte Weg, Höhenangst abzubauen.

Es muss aber nicht immer gefährlich zugehen. Auch schon einfache Gipfel wie der Gamrig oder die Kaiserkrone verlangen ein bisschen Kondition. Hier kommt man um Treppen nicht herum, und es ist für mich immer wieder erstaunlich zu sehen, wie sich auch trainierte Menschen in der Sächsischen Schweiz an die ganzen Stufen gewöhnen müssen.

FREIHEIT

Unter den zahlreichen Stiegen in der Sächsischen Schweiz gibt es eine Stiege, die wohl am ehesten an die Klettersteige im Hochgebirge erinnert. Hier erklimmt man den Felsen in der Vertikalen, über Felsvorsprünge, Eisenbeschläge und durch enge Kamine hindurch. Ist man einmal oben angelangt, lässt die Belohnung nicht lange auf sich warten. Hier erfasst mich das Gefühl von Freiheit schlagartig, wenn ich meinen sichernden Blick vom Felsen löse und über die zerklüfteten Sandsteine hinweg in die Ferne schaue. Dieses Gefühl der Freiheit, wenn das Herz vom Aufstieg noch bis zum Hals schlägt, der Schweiß kühl den Rücken hinunterläuft und die Schultern plötzlich Flügel bekommen, wenn man den schweren Rucksack abgesetzt hat, ist einfach unbezahlbar. Ob auf der Häntzschelstiege, dem Carolafelsen, dem Kleinen Winterberg oder dem Lilienstein – die Liste könnte noch deutlich weitergeführt werden –, kann man dieses Gefühl von Freiheit spüren.

Diese Freiheit zeigt sich in stets verschiedenen Facetten. Mit jeder Aussicht wandelt sich der Bezug zur Umgebung. Manchmal zeigen sich die markanten Felsen in der Ferne, wenn man an einen neuen Ort gelangt, immer wieder in der vertrauten Form. Bei sehr vielen ändert sich die Gestalt aber von den unterschiedlichen Wegpunkten aus. Die Lust wird geweckt, weiterzugehen und zu neuen Perspektiven zu gelangen. So kann man auf herrliche Weise einen ganzen Tag durch die Natur der Sächsischen Schweiz streifen. Mit all den tollen Eindrücken und Erlebnissen im Gepäck lassen sich Träume verwirklichen und neue spinnen, Sorgen abstreifen und Lösungen für Probleme finden.

UNTERWEGS

Ist man einmal unterwegs, früh zur Morgendämmerung, wenn sich zarter Dunst über die Wiesen im Tal legt und die Nacht noch gar nicht so fern scheint, trägt der Weg auch immer etwas Ungeahntes in sich. Im Dämmerlicht rücken die Felsen und Bäume noch dichter zusammen, und die Luft ist erfüllt von verschiedensten Gerüchen. Nach und nach lichtet sich die Dunkelheit, die Farben nehmen behutsam zu, und mit viel größerer Kraft die Stimme des Waldes. Irgendwann blinzelt dann der erste Sonnenstrahl durch die Zweige und verkündet einen neuen Tag.

Entlang des Weges erwacht die Natur in frischen Farben, und der Blick wandert über die vielfältige Flora. In den feuchten und kühlen Schluchten entdeckt man zahlreiche Moose, die man sonst nur in höheren Gebirgslagen vorfindet, zahlreiche Flechten ziehen sich über das Gestein, allen voran die bekannte Schwefelflechte mit ihrem kräftigen Neongelb.

Buchen, Fichten, Tannen und Bergahorne wachsen an den Hängen und auf den großzügigeren Felsplateaus. Kiefern und Birken finden Halt in den kleinsten Rissen im Gestein und an den äußersten Felsriffen.

Springkraut, Hahnenfuß, Waldveilchen, Löwenmäulchen und Glockenblume zieren das üppige Grün am Wegesrand und in den Wäldern. Auf den trockenen Böden in den höheren Lagen drängt sich das Heidekraut. Heidelbeeren, Walderdbeeren und Himbeeren sind ebenfalls zu finden. Diese Fülle an Eindrücken bei einer Wanderung ist immer wieder ein Genuss.

DER MALERWEG

Ein Netz aus etwa 1200 km markierten Wanderwegen hält diese Naturlandschaft zusammen und ermöglicht allen, diese Vielfalt zu erleben. In der Zeit der Romantik ließen sich die größten Maler von dieser wilden, schönen Natur ebenfalls immer wieder beeindrucken. Es entwickelte sich eine richtige Route, die die Künstler zu den tollsten Orten führte, wo sie ihre Werke erschufen oder sich zu ihnen inspirieren ließen.

Nach langer Recherche und in Zusammenarbeit mit lokalen Partnern entwickelte der Tourismusverband Sächsische Schweiz schließlich den Malerweg, der sich zum großen Teil an dem historischen Vorbild orientiert. Auf 112 km gelangen Wanderer zu den imposanten Aussichten, den märchenhaften Tälern und den stillen Winkeln dieser großartigen Landschaft. Die gut ausgeschilderte Route ist sehr gut zu bewältigen und durch eine gute Infrastruktur an Herbergen und Gasthäusern für Jung und Alt geeignet. All diese Zutaten begeistern die Menschen seit der Eröffnung 2006 so sehr, dass der Malerweg bis heute mehrere Auszeichnung erhielt. Unter anderem wurde er von den Lesern des Globetrotter-Magazin bei den besten Trips der Welt auf den dritten Platz nach Patagonien und Island gewählt.

In diesem Buch möchte ich Sie dazu einladen, mir entlang der Route des Malerwegs zu folgen. Mal direkt entlang der Strecke, mal auf einen Abstecher zu einigen der weiteren Höhepunkte der Sächsischen Schweiz. Seit etwa fünf Jahren mache ich mich immer wieder auf, in den Dialog mit dieser Landschaft zu treten. Unzählige Wanderungen habe ich allein oder in Gesellschaft meiner Familie und guter Freunde unternommen. Immer wieder hatte ich die Möglichkeit, etwas Neues zu entdecken und dieses kleine Fleckchen Erde besser kennenzulernen. Dieser Weg hält viele Geschichten bereit. Ein paar davon möchte ich mit Ihnen auf den folgenden Seiten teilen. Vielleicht wird auch Ihre Lust geweckt? Sie brauchen nur Ihre Schuhe zu schnüren und sich aufmachen, ein Stückchen Heimat zu entdecken – es ist gar nicht weit weg.

VOM LIEBETHALER GRUND BIS NACH ALTENDORF

FASZINATION AUS MYSTISCHEN TÄLERN, BIZARREN FELSFORMATIONEN UND MALERISCHEN AUSBLICKEN

Der Rucksack ist geschultert, ein kühler Luftzug strömt in die Lungen, und der Klang von strömendem Wasser erfüllt die Ohren. Innehalten. Schließen Sie für einen kleinen Moment die Augen und kommen Sie zur Ruhe.

Auf geruhsamen Pfaden beginnt der Malerweg, ganz im Westen der Sächsischen Schweiz, im lieblichen Liebethaler Grund. Das kleine Dorf am Rande Pirnas ist hier der Namensgeber. Der Flusslauf, dem man hier folgt, gehört zur Wesenitz. Es gehört zum Wesen dieses Weges, dass sich die Landschaft fast wie in einer Sinfonie aufbaut, erweitert, spiegelt und zu großen Höhen hinaufschwingt. So lieblich, wie es an der Wesenitz beginnt und von Wagners Melodie zur Oper „Lohengrin" begleitet wird, so geheimnisvoll wird es im Uttewalder Grund. So verwandelt sich dieser Weg immer und immer wieder durch dieses kleine Mittelgebirge hindurch und hält solch ergreifende Höhepunkte wie das Basteigebiet bereit.

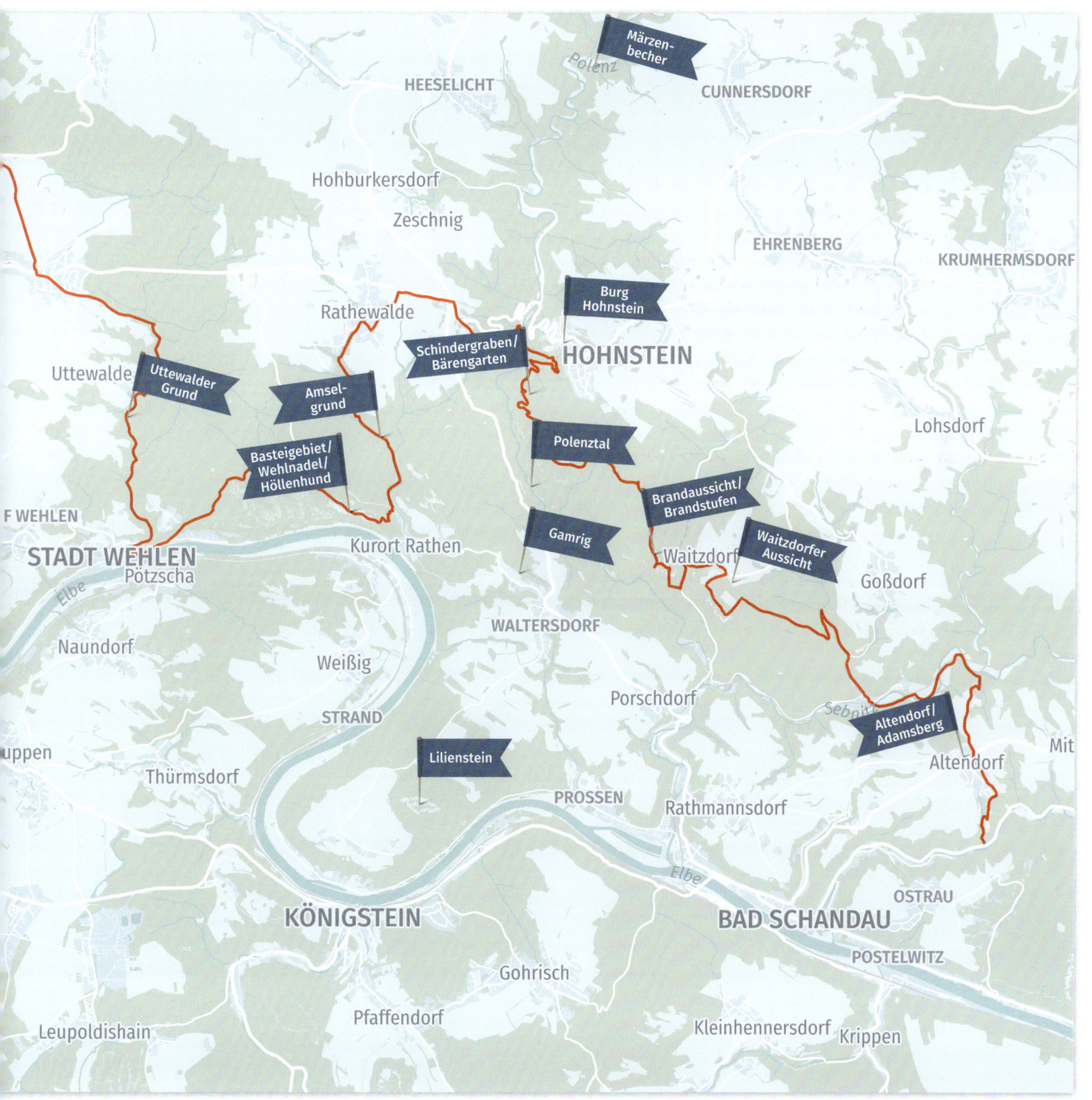

Tourismus trifft Natur

Sucht man sich nach den schönen Gründen eine kleine Stärkung am schönen Markt in Wehlen und begibt sich wieder in den Wald, oberhalb der Weißen Brüche, wartet der größte Besuchermagnet der Sächsischen Schweiz. Bereits zum Wechsel vom 18. zum 19. Jahrhundert versuchten die ersten touristischen Besucher die Landschaft im Basteigebiet in Worte zu fassen. In den 1920er Jahren bereits verband eine hölzerne Brücke das vorgelagerte Felsenriff mit dem Neurathener Felsentor, bevor sie schließlich 1951 durch die noch heute existierende Sandsteinbrücke ersetzt wurde.

Die Besucherströme aus aller Welt ließen nicht nach: Die Bastei zählt heutzutage mit jährlich 1,5 Millionen Besuchern zu dem am meisten frequentierten Ort innerhalb der deutschen Nationalparks. Doch neben Parkplätzen, Souvenirgeschäften, einem Hotel und Restaurant findet man hier vor allem eines: zahlreiche faszinierende Aussichten. Egal ob der Blick etwa 200 Meter hinab in das Elbtal, über den Wehlgrund zur Kleinen Gans, vom Ferdinandstein zur Brücke selbst oder die Perspektiven von der Neurathener Felsenburg entlangwandert, schnell wird klar, weshalb dieser Ort auf so viele Menschen aus aller Welt einen solchen Reiz ausübt. Trotz oder gerade wegen der riesigen Anziehungskraft auf viele Menschen ist das gesamte Basteigebiet Bestandteil des Nationalparks Sächsische Schweiz.

Es bleibt abwechslungsreich

Löst man sich von der großen Anziehungskraft des Basteigebiets, findet man auch auf dem weiteren Weg ein Naturparadies. Man durchschreitet das wunderschöne Polenztal und gelangt an die Burg Hohnstein mit ihrer jahrhundertealten Geschichte. Etwas weiter gestaltet sich die Gegend ruhiger und lieblicher. Zwischen Heidelbeersträuchern, üppigen Farnen und dem dahinplätschernden Kohlichtgraben wähnt man sich weitab von großen Besucherströmen. Schritt für Schritt fügt sich die Landschaft zu einem Gebilde, und man erlangt eine Vorstellung davon, wie all die bekannten Plätze durch Pfade, Täler und Stiegen miteinander verbunden sind.

Ouvertüre

Nimmt man sich einen Moment der Ruhe auf einer kleinen Bank am Rande von Altendorf und lässt das Erlebte vor dem inneren Auge Revue passieren, fällt alle Anstrengung von einem ab. Steile Wege, Blasen an den Füßen und schmerzende Schultern treten in den Hintergrund. Stattdessen lebt die durch alle Sinne wahrgenommene Natur wieder auf. Der Atem kommt zur Ruhe, und das Singen der Vögel und das Säuseln des Windes in den Baumkronen fügen sich zu allem hinzu. Wie die Ouvertüre einer großen Sinfonie reihen sich diese Eindrücke in den großen Kanon an Naturschätzen ein, die man hier entlang des Malerwegs finden kann. Der Blick in die Welt erwacht. Freude und Lust regen sich im Herzen, und der Weg ist nur einen weiteren Schritt entfernt.

HERBST IM LIEBETHALER GRUND Die Wesenitz im Liebethaler Grund – vor etwa 150 Jahren war diese Kulisse für Richard Wagner eine Inspirationsquelle, als er die Oper „Lohengrin" schrieb. Wenn man sich kurz vor der alten Lochmühle befindet, ertönen die Klänge aus jenem Stück, dem zu Ehren man Richard Wagner vor fast 90 Jahren ein Denkmal in dieser Naturkulisse gewidmet hat. Ich gab mich an diesem Herbstmittag jedoch der meditativen Fotografie dieses malerischen Flusslaufes hin. Behutsam wählte ich meine Schritte auf den rutschigen Steinen. Aus dem Augenwinkel beobachte ich einen Fliegenfischer, der flussaufwärts im Wasser stand und auf seine Weise die Natur genoss.

IM GRÜNEN PARADIES Wenn man nach starken Regenfällen durch die Gründe der Sächsischen Schweiz spaziert, fühlt man sich schnell in eine längst vergangene Zeit zurückversetzt. An solchen Tagen ist es mir keine Frage, wie die Menschen früher zu ihren Sagen und Märchen kamen, wenn die Natur ihnen so aussagekräftige Bilder lieferte.

Der Uttewalder Grund ist einer dieser Orte. In unmittelbarer Nähe zu dem gleichnamigen Felsentor ist man umgeben von bemoosten Felsen, alten knorrigen Bäumen, Farnen und Flechten. Gerade in den Morgenstunden ist man hier noch mutterseelenallein, bevor dann zahlreiche Wanderer anzutreffen sind.

WIE RIESEN IM NEBEL Dichter Nebel zog an diesem Morgen auf. Sekündlich wechselte die Sicht. Mal stand ich mitten im Nebel, mal taten sich ein paar Fernblicke auf. Sobald ich die Kamera richtig eingestellt hatte, war die Sicht auch schon wieder weg. Es war ein langes Geduldspiel. Die zerfurchte Struktur des Taufsteins kam durch den dichten Nebel ganz besonders gut zur Geltung.

BASTEI IM NEBEL. Die Bastei ist eines der bekanntesten Wahrzeichen der Sächsischen Schweiz und mit der weltberühmten Brücke zwischen den Sandsteinfelsen wahrscheinlich auch das meistfotografierte Motiv überhaupt. Doch dieser Ort hat es nicht nur in der Neuzeit den Menschen angetan. Die Bastei war schon zu Zeiten der Romantik bei den Malern ein Ort der Sehnsucht. Zu großer Bekanntheit gelangten die Bilder von Caspar David Friedrich. Hermann Krone nahm hier bereits 1853 die ersten Landschaftsfotografien auf. Ihm folgten zahlreiche berühmte Fotografen wie Walter Hahn, Fritz Pölking, Norbert Rosing und viele mehr. Die Fotos von diesem Ort zieren Bildbände von renommierten Verlagen, Kalendern, Magazinen; sogar als Hintergrundbild von Windows 7 fand die Basteibrücke Verwendung. Selbst nach mehrmaligen Besuchen verliert dieser Ort nicht seinen Reiz.

GEDULD ZAHLT SICH AUS Den Höhepunkt der Fototour an diesem Morgen bildete dieser Augenblick. Wenn die Nächte kalt sind und nur ein leichter Wind geht, kann man hier oben dank der Elbe und des im Tal liegenden Amselsees häufig auf Nebel treffen. Ein Naturschauspiel, das die gesamte Landschaft magisch verwandelt. Der Nebel senkte sich kurzzeitig, und für wenige Minuten öffnete sich die Wolkendecke und verzauberte die Landschaft auf magische Weise. Dieser Blick über den Wehlgrund ist für sich schon etwas Besonderes, ihn dann aber ganz alleine und bei so einem Licht zu erleben, ist einfach einmalig.

DIE WEHLNADEL Das Zusammenspiel von Wolken, Nebel und Licht ist gerade für die Sächsische Schweiz sehr charakteristisch. Wenn sich dann die jahreszeitlichen Farben auch noch so ausgeprägt zeigen wie an diesem Morgen, steht einem tollen Bild nichts mehr im Wege. So beliebt die Wehlnadel bei Fotografen auch ist, man muss sich immer im Klaren darüber sein, dass man sich hier in der Kernzone des Nationalparks befindet. Obwohl man sich hier auf offiziellen Wegen (Kletterpfaden) bewegt, ist dies dennoch ein sensibles Gebiet. Nationalpark-Ranger weisen einen darauf hin, sollte man sie hier antreffen.

MYSTISCH Das war wirklich ein verregneter Morgen am Höllenhund! Als ich dort in tiefster Dunkelheit über den pitschnassen Waldboden stapfte, hoffte ich einfach nur, dass der Regen ein klein wenig nachlässt. Leider war dies nicht der Fall. So saß ich mit Regenschirm, wartete und wartete und beobachtete, wie sich die Nebelschleier im Tal hin und her bewegten. In der einen oder anderen regenschwachen Phase konnte ich ein Foto machen und diese mystische Szenerie in einem Bild festhalten.

NEBELLEUCHTEN Wie Lava wirkt es, wenn kurz vor Tagesanbruch der Nebel durch die Täler strömt und die Straßenlaternen ihn ganz wundersam zum Leuchten bringen. Darüber wachen die alten schroffen Sandsteinfelsen. Ich habe diesen Ort am Höllenhund schon unzählige Male aufgesucht. Als ich an diesem Morgen dort oben stand und den Blick über die Weite streifen ließ, verschlug es mir die Sprache. Ich konnte es schier nicht fassen, welch herrlicher Nebel vor mir im Tal lag – was für ein immerwährendes Schauspiel für Augen und Seele, und jedes Mal anders.

HERBSTLICHT Dies war wirklich ein Morgen voller Höhepunkte. Die Aussicht am Höllenhund bietet einen sehr markanten Blick in die Rathener Felsenlandschaft. Die Perspektiven scheinen hier fast endlos, egal zu welcher Jahreszeit man herkommt. Schnell ist der Auslöser gedrückt. Doch genauso schnell hatte ich auch schon Bilder gemacht, wo ich vor Ort eben nicht alles beachtet hatte und mich dann zu Hause über diese Details ärgerte. Bei diesem Panorama verhalfen mir all diese kleinen vorangegangenen Fehler schließlich zu einem Bild, das für mich die Erlebnisse an diesem Morgen ganz besonders schön festhält.

IM AMSELGRUND Hat man die aufregenden Aussichten des Basteigebiets hinter sich gelassen, führt der Malerweg in den Amselgrund. Am Ende dieses Tales liegt in reizvoller Lage die Amselfallbaude und eine Informationsstelle des Nationalparks Sächsische Schweiz. Über eine etwa zehn Meter hohe Felskante ergießt sich hier der Grünbach schwallartig in die Tiefe. Bekannt ist er vor allem als Amselfall. Doch ein kleines bisschen weiter bergauf findet man nach stärkeren Regenfällen auch kleine Wasserfälle, die sich zwischen moosigen Sandsteinfelsen in kleine Becken ergießen. Diese kleinen stillen Plätze liegen fast unbemerkt zwischen den großen und bekannten Orten. Nur wer mit ruhigem Blick die Augen wandern lässt, entdeckt diese Perlen.

GRÜNE OASE Es gibt ein paar markante Täler entlang des Malerwegs. Das Polenztal ist definitiv eines davon. Nachdem man den Hockstein und die enge Wolfsschlucht auf der zweiten Etappe passiert hat, betritt man das malerische Polenztal. Dieser kleine Fluss entspringt an der tschechischen Grenze bei Langburkersdorf. Zwischen Schindergraben und Ochelwand windet er sich durch einen steilen Sandstein-Canyon. Flora und Fauna sind hier besonders vielfältig. Selbst an heißen Sommertagen ist es hier angenehm kühl, und Wasseramseln und Eisvögel finden hier ideale Lebensbedingungen.

MÄRZENBECHERWIESEN Die Märzenbecher im Polenztal sind für alle Naturliebhaber jedes Jahr aufs Neue ein schönes Ausflugsziel. Hier findet sich eines der größten Wildvorkommen in ganz Sachsen, daher ist es seit 1967 ein Naturschutzgebiet. In meiner Kindheit wuchsen die Märzenbecher äußerst üppig, und bis in die frühen 2000er Jahre war der Bestand noch recht hoch. In den vergangenen Jahren verkleinerte er sich jedoch durch verschiedenste Einflüsse, sodass heute noch mehr als zuvor große Sorgfalt zur Bewahrung dieser Frühlingsknotenblume vonnöten ist.

VERGÄNGLICHKEIT Der Bärengarten unterhalb der Burg Hohnstein liegt im Schindergraben, einem Seitenarm des Polenztals. Zu Beginn des 17. Jahrhunderts wurde er hier im Auftrag von Kurfürst Christian II. errichtet, um die wilden Tiere am Dresdner Hof vorzuführen und bei Hetzjagden zu töten. Nach etwa 150 Jahren hatte dieses Bauwerk ausgedient. Der Steinbogen zeugt noch heute von dieser Zeit. Unweit von diesem historischen Ort, im Polenztal, wuchs diese Buche direkt am Wasser. Auf mehreren Wanderungen erfreute ich mich an diesem urigen Baum. An jenem Herbsttag sollte ich das Glück haben, sie zum letzten Mal zu fotografieren. Die Trockenheit der letzten Jahre hatte den Alterungsprozess beschleunigt. Schließlich hielt ihr ausgehöhlter Stamm den Winterstürmen und dem nassem Schnee nicht mehr stand.

EINE BURG MIT VIELEN SEITEN Die Burg Hohnstein liegt oberhalb vom Polenztal und hat eine bewegte Historie. Als Grenzfestung erbaut, diente sie Fürsten als Wohnsitz und war Ausgangspunkt für deren Jagden, später war sie Gefängnis (auch für Jugendliche), Jugendherberge, Konzentrationslager und zu DDR-Zeiten Naturkundemuseum. Sie ist das Wahrzeichen des kleinen Städtchens Hohnstein und durch das Hohnsteiner Puppenspielfest bei Puppenspielern aus aller Welt bekannt. Hier wurde 1928 die Hohnsteiner Kasperpuppe von Max Jacob geboren und erfreut bis heute Jung und Alt.

EIN GUTER ANFANG Meine Wanderung auf dem Malerweg begann ich an diesem Tag im Regen. Etwa 20 Kilometer hatte ich bereits hinter mir und war äußerst glücklich, endlich an der Brandbaude angelangt zu sein, wo ich mein Nachtlager aufschlagen wollte. Doch auf den letzten Metern vor dem Ziel gab der Himmel noch einmal alles an Regen her. Wenig später öffnete sich eine Wolkenlücke, und die tiefstehende Abendsonne sorgte für fantastisches Licht. Im Normalfall wäre ich an solch einem verregneten Tag nicht fotografieren gegangen, aber zu beobachten, wie nach dem Regen die Nebelschwaden aus den Wäldern stiegen, die Luft erfüllt war von diesem feuchten Waldduft und die Sonne für diese gewisse Magie sorgte, war einfach wunderschön.

BRANDSTUFEN Dieses Bild entstand direkt am Morgen. Der Regen hatte glücklicherweise aufgehört, doch die feuchte Luft hing noch dick und schwer im Wald, die Vögel zwitscherten schon munter, und ich war ganz allein. Es ging die Brandstufen hinab ins Tal, ehe ich wieder nach Waitzdorf aufsteigen musste. Die Brandstufen haben ihren Namen von der Aussicht, zu der sie hinführen. Er rührt vermutlich daher, dass sich dort früher öfter Brände im Wald und der Heide ereigneten. Während des Abstiegs nahm ich mir die Zeit, die Stimmung auf ein paar Fotos festzuhalten. Mich faszinierte, wie der Nebel für Klarheit im Wald sorgte und alles so ruhig wirken ließ.

WAITZDORFER AUSSICHT Die Waitzdorfer Aussicht liegt klein und still direkt am Malerweg. Das Dorf befindet sich nur wenige Schritte entfernt, zwischen wilden Wiesen und sanften Hügeln, oberhalb des Grundbachs und in unmittelbarer Nähe der Brandaussicht. Wer hier ankommt, darf keine spektakulären Felsformationen erwarten, sondern findet einen Ort der Stille. Gegenüber anderen Orten in der Sächsischen Schweiz ist diese Aussicht fast sanft. Bei aller Weite, die dieser Platz bietet, ist es doch die Bank, die ihn so nahbar macht. Für mich ist dies immer ein sehr persönlicher und emotionaler Ort. Umso herausfordernder war es daher, hier ein stimmiges Bild aufzunehmen.

LICHT UND SCHATTEN Der Wechsel aus Wäldern und Felsen gibt gerade in den Morgenstunden dem Spiel von Licht und Schatten eine ganz besonders schöne Bühne. Über den Steilhängen des Polenztals können dabei Bilder entstehen, die wie einem Fantasyroman entsprungen zu sein scheinen.

ÜBER DEN WÄLDERN In den engen Gründen und Tälern der Sächsischen Schweiz bildet sich oft ein Mikroklima. Dies führt mitunter zu besonderen Wetterphänomenen. Nebel ist eines davon. Zwischen den steilen Felswänden sammelt sich über den kleinen Flüssen besonders gut die Luftfeuchtigkeit. Sie kondensiert über die kalte Nacht zu Nebel und wabert dann wie Watte durch die Schluchten. Dabei entstehen immer wieder ganz besondere Staffelungen und Bildmotive.

DIE RATHENER FELSENLANDSCHAFT IM MORGENLICHT Auch wenn der Gamrig nicht direkt am Malerweg liegt, kann man ihn definitiv nicht außen vor lassen. Denn von nirgendwo sonst erhält man einen so besonderen Blick über das Elbtal und den Amselgrund hinüber zum Bastei- und Gansmassiv. Das erste Tageslicht streift hier auf ganz wundervolle Weise die obersten Bereiche dieser Felsen, und der wabernde Nebel umhüllt Berg und Tal. Die lange Belichtungszeit lässt die Szenerie schließlich besonders weich wirken.

MORGENRÖTE Was war das für ein phänomenaler Morgen! Der Gamrig wird unter den Fotografen eher etwas stiefmütterlich behandelt, doch zu Unrecht. Hier findet man zu allen Jahreszeiten, zu Sonnenauf- und -untergang zahlreiche Motive. Die besonders gute Erreichbarkeit und der kurze Aufstieg machen ihn auch für Familien zu einem beliebten Ausflugsziel. Von hier oben hat man einen herrlichen Rundumblick über das Basteigebiet, das Brandgebiet, die Schrammsteine, den Lilienstein und die Festung Königstein und nicht zuletzt über das Elbtal in Richtung Wehlen.

MORGENGRAUEN ÜBER DEM ELBTAL

Da liegt das kleine verschlafene Städtchen Bad Schandau, eingeschmiegt ins Elbtal und bewacht von den imposanten Schrammsteinen. Die Sächsische Schweiz ist seit Jahrhunderten besiedelt. Schon seit Generationen leben die Menschen hier zwischen der Festung Königstein und dem Kirnitzschtal in vielen Dörfern und kleineren Städten. Diese Besonderheit kann man gerade zur blauen Stunde sehr schön nutzen. Die Straßenbeleuchtung setzt interessante Lichttupfer, und die ganze Szenerie wirkt wie ein Aquarell.

NEUER BLICKWINKEL Eine ganz andere Perspektive auf die Sächsische Schweiz erlangt man aus einem Heißluftballon. Über die Sommermonate ist es keine Seltenheit, dass aus dem Elbtal Heißluftballons aufsteigen. Auch wenn ich es noch nie persönlich erlebt habe, muss dies wohl ein ganz besonderes Gefühl sein.

DER SONNE ENTGEGEN Diese kleine Kiefer auf einem Riff des Liliensteins kann wohl so manche Geschichte erzählen. Tapfer trotzt sie Wind und Wetter und erfreut täglich viele Wanderer und Fotografen. Mich führte der Weg zum ersten Mal zu diesem Bäumchen. So ein Morgen auf dieser Aussicht verändert in gewisser Weise den Blick auf die Welt, da das Kleine in den Fokus rückt und das Große im Hintergrund an Bedeutung verliert.

DER ADAMSBERG Der Adamsberg bei Altendorf fristet ein eher bescheidenes Dasein. Gemütliche Wanderer oder Spaziergänger setzen sich hier mal auf eine Bank und genießen den Ausblick. Kletterer und Abenteurer suchen eher den Nervenkitzel in den Felsen der Schramm- und Affensteine. Doch dieser unscheinbare Hügel bot mir an diesem Abend einen märchenhaften Blick. Wie in einer Landschaft aus Mittelerde schimmern die Wiesen im Abendlicht, die Straße schlängelt sich dazwischen hindurch, und am Horizont thronen die Festung Königstein und der Lilienstein. Nach einem kräftigen Sommerregen riecht die Luft nach feuchtem Gras – was für eine friedliche Stimmung.

BLICK AUF DEN FALKENSTEIN Das i-Tüpfelchen am Adamsberg ist der Parkplatz neben dem Gasthaus „Heiterer Blick". Von hier kann man so manche Überraschung erleben, wenn man geradewegs auf die Schrammsteine und den Falkenstein blickt. Zufällig stolperte ich an diesem Tag über diese Szenerie. Rasch sprang ich aus dem Auto und fotografierte diese besondere Stimmung, denn selten setzt sich der Falkenstein vor den Schrammsteinen so schön ab.

VON DEN SCHRAMMSTEINEN BIS ZUM NEUEN WILDENSTEIN

AUF ABENTEUERLICHEN WEGEN

Was für eine außergewöhnliche Situation: Es ist Mittagszeit, die Sonne steht im Zenit und ich stehe auf der Schrammsteinaussicht. Zahlreiche Touristen finden sich hier oben ein – von jung bis alt und von nah bis fern. Ich höre Holländisch, Englisch, Französisch, Rheinisch und Berlinerisch. Gerade eben erst habe ich das Schrammtor passiert und bin den Wildschützensteig hinaufgestiegen. Ich mache ein paar Schnappschüsse und ruhe mich an einer windgeschützten Stelle etwas aus.

Ich blättere durch den Malerwegführer und studiere die Karten. Es ist Sommer 2015 und erst mein zweiter Besuch dieser Aussicht. Ich habe noch keine Ahnung davon, dass ich in den kommenden Jahren hier oben einige meiner intensivsten Erlebnisse haben werde. An dem westlichsten Punkt dieses großen, zerklüfteten und auch bewaldeten Felsmassivs, bekannt als Schrammsteine, erstreckt sich ein Gebiet voller Abenteuer über den Gratweg hinweg, über die Affensteine bis hin zum Neuen Wildenstein.

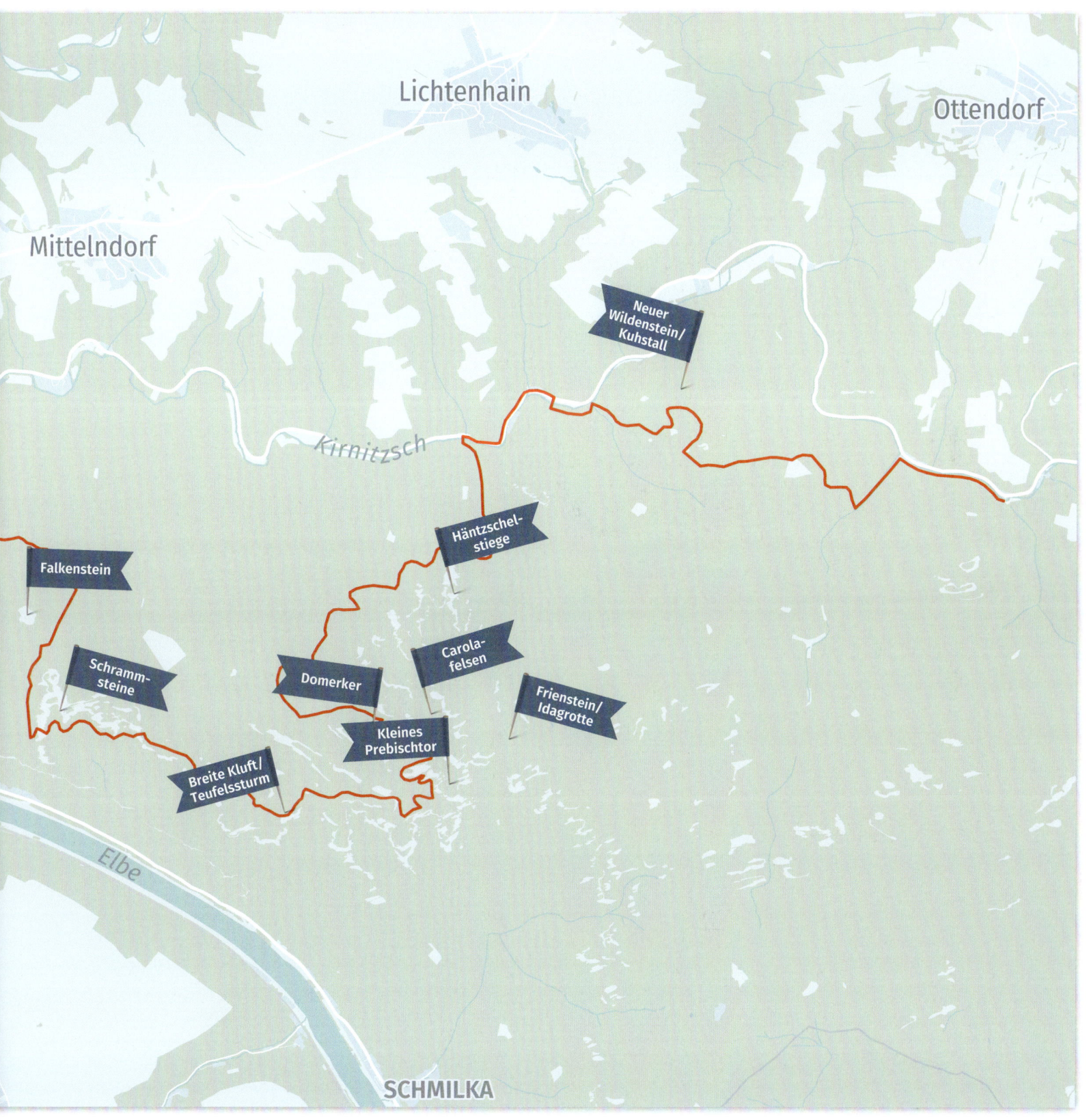

Jedes Gipfelglück beginnt im Tal

Wer sich aufmacht, die fantastischen Aussichten der Schrammsteine, der Breiten Kluft oder des Carolafelsens zu erklimmen, wird entweder im Kirnitzschtal oder im Elbtal beginnen. Treppen und Stiegen gehören hier immer zu den Wegen dazu. Diese zeigen schnell, ob man sich die letzte Zeit zu sehr gehen ließ oder zu viel unnötiges Gepäck im Rucksack mitschleppt. Hier hinauf führt keine Seilbahn, kein Lift und auch kein Shuttleservice – man muss sich jeden Meter selber erarbeiten. Das Besondere dabei ist jedoch, dass sogar diese Wege Freude bereiten können! Auf manchen Metern hat man das Gefühl, riesige Felsblöcke wurden mit weichem Samt überzogen, oder man stapft gemächlich über tiefen Sand, sodass man sich schon fragt, wann endlich der Strand erreicht ist, und plötzlich ragen steile Felswände aus dem Waldboden, von denen das Klingen von Karabinern tönt.

Orientierung

Hat man schließlich eine der vielen Stiegen erklommen, erstreckt sich ein dichtes Wegenetz auf mehreren Ebenen über dieses Felsmassiv hinweg. Schnell kann man hier den Überblick und die Orientierung verlieren. Vor allem die vielen Stiegen, Treppen und Leitern lassen manchmal den Eindruck entstehen, man liefe im Kreis. Eine gute Wanderkarte, eventuell ein Kompass und ein paar Landmarken können jedoch helfen, sich gut zurechtzufinden. Die Schrammsteine und der Falkenstein weisen in Richtung Westen, die Idagrotte bzw. der Frienstein in Richtung Nordosten, der Kleine und Große Winterberg nach Osten und die Breite Kluft nach Süden. Zusätzlich gibt es eine sehr gute Beschilderung, und die Zeitangaben richten sich nach einem bequemen Wanderschritt – die Hinweise „Schwer" sind allerdings ernst zu nehmen.

Imposante Aussichten

Das intensive Licht eines Sonnenauf- oder -untergangs lässt sich hier an so vielen verschiedenen Aussichten bewundern. Im Zusammenspiel mit den Naturgewalten erwacht der wilde Charakter dieser Landschaft stets aufs Neue. Ob eiskalte Stürme, die fast die Finger erfrieren lassen, oder aufwirbelnde Nebelschleier, die nach einem Sommergewitter durch die tiefstehende Sonne wie Flammen wirken, ein wogendes Nebelmeer, in dem die höchsten Gipfel wie Felsen in der Brandung erscheinen, oder die intensiven Frühlings- und Herbstfarben, in denen die weiten Wälder erstrahlen: Abenteuerliche Erlebnisse liegen hier zum Greifen nah und erfüllen Körper, Seele und Geist mit tiefer Freude.

SONNENUNTERGANG AN DER SCHRAMMSTEINAUSSICHT

Auf der vierten Etappe des Malerwegs gelangt man zu einem der Höhepunkte dieser Route und überhaupt der Sächsischen Schweiz, den Schrammsteinen. Bis zu 280 Meter hoch ragen sie über dem Elbtal empor. Auf der Aussicht tummeln sich an sonnigen Sommertagen unzählige Wanderer, und an den zahlreichen Felsen finden Kletterer immer wieder neue Herausforderungen und Abenteuer. Auch für Fotografen lohnt sich der anspruchsvolle Aufstieg immer wieder. Denn egal ob Sommer oder Winter, morgens oder abends, der Wandel des Lichts birgt immer wieder neue Perspektiven und Motive.

ÜBER DEN WOLKEN Die Wanderung war sehr mystisch. Im Licht der Stirnlampe sah ich den dichten Nebel um mich herum. Alles war nass, von den jungen Blättern tropfte das Wasser. Was mir dort oben zu Augen kam, ließ mich mit offenem Mund staunen: ein Wolkenmeer, soweit das Auge reichte, und nur zwischendrin ein paar Felsen, die herausschauten. Ein Anblick, der sich schwer in Worte fassen lässt. Der Blick über den Müllerstein führt zur Hohen Liebe, die gerade noch so zu sehen war.

WÄCHTER DES NEBELS Es ist immer wieder ein großes Glücksgefühl, zur richtigen Zeit am richtigen Ort zu sein. Viele Aspekte spielen für den idealen Standort eine Rolle. Am häufigsten sind die Tage, wo es überall gleich schön ist, an diesem Morgen jedoch war das ganze Elbtal im Nebel versunken, und nur dieser kleine Fleck in den Schrammsteinen schaute immer einmal wieder über die Nebelgrenze hinweg. Die schroffen Felsen wirkten dabei wie versteinerte Wächter des weiten Nebelmeeres.

EIN FROSTIGER MORGEN Wenn ich mich mitten in der Nacht aus dem Bett schäle, das Thermometer −8 °C anzeigt und ich einen neuen Ort in den Schrammsteinen erkunden will, sind das schon mal drei Gründe, wieso das ein toller Morgen werden wird. Der Frühstücksplatz ist nur geübten Wanderern und Kletterern zu empfehlen, umso vorsichtiger war ich auf dem Hinweg. Dass das Licht an diesem Novembermorgen so einmalig wurde, der Nebel durch das Elbtal zog und ich förmlich sah, wie das Sonnenlicht den Frost von den Baumwipfeln taute, war ein sehr bewegendes Erlebnis. In diesen Momenten finde ich zu vollkommener Ruhe.

MORDOR An diesem Novembermorgen pfiff uns der kalte Wind um die Nase und ließ uns fast vergeblich auf etwas Licht warten. Eine dichte Wolken- und Nebelmischung, unter Einheimischen auch „Böhmische Suppe" genannt, hing über dem Großen Winterberg und dem Elbtal. Um uns warm zu halten, erkundeten wir die Gegend in den Schrammsteinen einfach ein bisschen. Irgendwann zeigte sich für ein paar Minuten dann doch etwas Morgenröte. Diese ganze Lichtstimmung wirkt fast wie aus einem „Herr der Ringe"-Film, ein Vergleich, der häufig bei dieser Landschaft gezogen wird.

FREUDE Was ist der Grund dafür, dass ich an meinen freien Tagen immer wieder freiwillig zu so zeitiger Stunde aufstehe? Es ist die Freude am Erkunden, am Erleben solcher Lichtstimmungen, die teilweise ganz unerwartet aufkommen. Es sind gar nicht immer die großen weiten Blicke, die mich reizen, sondern diese Details. Gerade in den Schrammsteinen gibt es immer wieder zahlreiche solcher Erlebnisse.

WAS FÜR EIN WETTERCHEN In jenem Sommer gab es einen Abend, wie man ihn sich nur wünschen kann: dunkle Wolken, Regen, Sonne, einen Regenbogen und ein Licht, das mir die Sprache verschlug. Ich war so glücklich, mich an diesem trüben Nachmittag dazu entschlossen zu haben, noch einmal rauszugehen. Solche Bedingungen hatte ich mir zwar erhofft – doch dass es dann so eintraf! Der Blick auf den Hohen Torstein und den Falkenstein mit Regen und Sonne gleichzeitig war einfach wunderbar.

IN EINEM LAND VOR UNSERER ZEIT
Vor Jahrmillionen reichte das Kreidemeer bis in diese Region. Durch Druck und Sedimente bildete sich eine massive Sandsteinplatte. Nach dem Rückgang des Wassers formten tektonische Verschiebungen, Ablagerungen und Zerklüftungen über weitere Millionen von Jahren das heutige Elbsandsteingebirge. An Tagen wie diesen, wenn das Nebelmeer auf- und abwogt, sich zwischen den Tälern windet und wie gegen die steilen Felswände brandet, bekomme ich das Gefühl, als würde sich die Natur ihres Ursprungs erinnern. Wie aus einem Land vor unserer Zeit wirkt dann die ganze Landschaft und hinterlässt ein tiefes Staunen in mir und eine große Dankbarkeit, dass ich Zeuge solcher Phänomene sein darf.

EIN GELUNGENER WINTERMORGEN In den vergangenen Jahren gab es nur sehr selten richtig viel Schnee in der Sächsischen Schweiz. Viele Gelegenheiten boten sich mir also nicht, eine Winterstimmung einzufangen. Die Breite Kluft, eine weitläufige Aussicht zwischen Teufelsturm und Rauschenspitze, hatte mich schon oft gereizt, doch bisher waren meine winterlichen Versuche immer in der „Böhmischen Suppe" versunken. An diesem Morgen hielt sie sich anständig zurück und breitete sich nur bis zum Schmilkaer Kessel aus. Minütlich änderte sich das Licht und das Wolkenbild, sodass ich an diesem Morgen zahlreiche Bilder aufnehmen konnte.

WINTERLICHER RAUSCHENSTEIN Diese Lichtstimmungen gepaart mit einer interessanten Landschaft liebe ich. Bei solchen Bildern muss man sich etwas Zeit nehmen, sie zu erkunden. In der Sächsischen Schweiz finde ich es immer wieder unglaublich faszinierend, wie die Gestalt der Landschaft durch den Standpunkt beeinflusst wird. Vom Lehnsteig zeigt sich der Rauschenstein wie eine Krone, mit vielen Furchen und markanten Türmen. Von der Breiten Kluft hingegen präsentiert er sich fast als monolithischer Fels.

DIE BREITE KLUFT An der Breiten Kluft kommt man auf der vierten Etappe des Malerwegs vorbei. Sie bietet die einzige gute Aussicht auf den bekannten Rauschenstein. Außerdem blickt man hier auch sehr schön auf den Rosenberg in der Böhmischen Schweiz. Mit den markanten Felsen im Vordergrund, die so charakteristisch für diesen Ort sind, und dem seitlichen Blick auf den Rauschenstein bietet sie ein paar kompositorische Herausforderungen.

TEUFELSTURM Der Teufelsturm ragt etwa 50 Meter aus dem Wald empor. Seine glatte und steile Talseite gibt vermutlich einen Hinweis auf seinen Namen. 1965 gelang Kurt Richter an der Ostwand (Schwierigkeitsgrad VIIIc) die Erstbesteigung dieses Felsens. In den 70er und 80er Jahren gelangen Bernd Arnold auf zwei Routen, der Sonnenuhr (IXa) und der Teufelei (Xa), Besteigungen, die zu ihrer Zeit zu den besten der Welt zählten. Weitere Besteigungen in den höchsten Schwierigkeitsgraden folgten, und so ist dieser Felsen gerade bei Kletterern eine der Meisterprüfungen in der Sächsischen Schweiz – die zahlreichen Gipfel sind also nicht nur für Fotografen besonders lohnenswerte Ziele.

EIN TRAUM FÜR LANDSCHAFTSFOTO-GRAFEN Die Aussicht vom Carolafelsen ist wohl eine der berühmtesten der Sächsischen Schweiz. Neben der guten Zugänglichkeit und einem Hauch von Abenteuer bietet sie einen sensationellen Blick über den Dompfeiler und den Domwächter bis hin zu den Schrammsteinen und dem Falkenstein. Bei genauerer Betrachtung fällt auf, dass der Falkenstein und der Lilienstein genau in einer Linie liegen. Dieser Blick ist vor allem zum Sonnenuntergang reizvoll und lockt aus allen Ecken der Welt Landschaftsfotografen hierher. Doch für das perfekte Licht braucht es neben einer guten Planung vor allem viel Glück.

HOFFNUNG Der Domerker bietet auf der vierten Etappe des Malerwegs eine aufregende Aussicht. Dieser Ort trägt aber auch noch andere Besonderheiten. Denn er ist der vorderste Teil eines Zusammenspiels aus mehreren Felsen in den Affensteinen, die den Namen „Dom-" tragen: der Domerker, die Domkanzel, der Kleine Dom, der Dompfeiler, der Domwächter, die Domstiege, der Große Dom, der Dompfaff und die Domspitze liegen allesamt in unmittelbarer Nähe. Jedes Jahr zum Totensonntag findet hier, am Fuße des Großen Doms, ein kleines Konzert der Bergfinken, eines Bergsteigerchors, in Gedenken an die verstorbenen Bergsportfreunde statt. Zahlreiche Kletter- und Wanderfreunde und ihre Familien versammeln sich hier, beginnend auf der Hohen Liebe, zwischen dieser natürlichen Kathedrale. Die Atmosphäre, die bei dem Gesang entsteht, geht unter die Haut. All diesen Emotionen von Trauer, Mut und Hoffnung wollte ich mit diesem Bild Ausdruck verleihen.

DER FALKENSTEIN Dieser beachtliche monolithische Felsen zwischen Schrammsteinen und Hoher Liebe ist ein Sinnbild für Bergsport und Abenteuerlust in der Sächsischen Schweiz schlechthin. Auf diesem fast 100 Meter hohen Sandsteinfelsen liegt vielfältige und bedeutsame Geschichte. Das sächsische Klettern erfuhr hier im Jahr 1864 durch die Besteigung über den Turnerweg von Gustav Tröger, Ernst Fischer, Johannes Wähnert und Heinrich Frenzel seine Geburtsstunde. Doch bereits etwa 500 Jahre vor dieser Besteigung wurde hier oben eine einfache Burgwarte aus Holz errichtet.

EIN FRAGILES NATURWUNDER Das Kleine Prebischtor in den Affensteinen ist ein wunderbares Beispiel für die Schönheit der Sächsischen Schweiz. Malerische Felsformen und urige Bäume gehen an vielen Orten eine harmonische Synthese ein. Doch nirgends wirkt sie so imposant wie hier.

Die riesige Rotbuche mit ihrem weitverzweigten Wurzelweg und der Felsbogen bilden ein beeindruckendes mystisches Naturwunder. Beide sind äußerst empfindlich. Nur wenn man diesen Ort mit der gebotenen Vorsicht genießt, können sich weitere Generationen daran erfreuen und ins Staunen und Phantasieren kommen. Gerade der Felsbogen ist sehr fragil und ständiger Erosion ausgesetzt. Ein Erklettern, sei es noch so reizvoll, schadet an dieser Stelle dem Sandstein nachhaltig und kann schließlich zum Einsturz dieses Steintores führen.

IN DEN AFFENSTEINEN Auf dem Malerweg verlässt man zwar relativ schnell die Affensteine in Richtung Kirnitzschtal, doch diese stark zerklüftete Felslandschaft zwischen den Schrammsteinen und dem großen Winterberg bietet zahlreiche weitere malerische Wege, Ausblicke und vor allem abenteuerliche Stiegen. Für Laien mögen viele Blicke von hier gleich aussehen, für Fotografen hingegen machen gerade die verschiedenen Vordergründe und Perspektiven, die es hier zu entdecken gibt, einen großen Reiz aus. Wer sich hier austoben möchte, braucht jedoch eine sehr gute Kondition und eine ebenso gute Portion Schwindelfreiheit.

EINE KIEFER MIT GESCHICHTE Die Häntzschelstiege ist wohl eine der bekanntesten Stiegen in der Sächsische Schweiz, und das aus gutem Grund. Über zwei Etappen gelangt man hier nämlich vom Fuße des Bloßstocks am Ende des Langen Horns ganz nach oben auf die obere Aussicht. Dabei überwindet man etwa 160 Höhenmeter und muss über ausgesetzte Eisenstiege balancieren, sich durch schmale Felsspalten drängen und enge Kamine hinaufklettern. Für Kletterer und Wanderer jeden Alters ist dies ein kleines Abenteuer.

Von zahlreichen Punkten kann man hier atemberaubende Blicke genießen – auf der Grenze zwischen Nervenkitzel und Staunen. Am Ende der unteren Häntzschelstiege steht diese kleine krumme Kiefer ausgesetzt auf einem Sandsteinriff. Unter den Fotografen wird sie auch Stativkiefer genannt. Seit Ewigkeiten harrt sie bei Wind und Wetter aus, hier haben Väter mit ihren Söhnen bei der ersten Durchsteigung dieser Route gestanden, und es war wie ein kleiner Triumph, es bis hierher geschafft zu haben.

DIE BROSINNADEL Die Brosinnadel ist durch ihre filigrane Gestalt unverkennbar. Egal ob im Morgen- oder Abendlicht, sie macht immer eine gute Figur. Kaum vorstellbar, dass dies auch ein Klettergipfel ist. Das Zusammenspiel aus Schrammsteinen, Brosinnadel und Falkenstein macht den besonderen Reiz dieses Ortes aus.

FABELHAFTE AUSSICHTEN Ein magischer Abend. Der Himmel war stark bewölkt, überall grummelte und donnerte es. Als ich im Kirnitzschtal loslief, fielen dicke Regentropfen. Überall roch es nach Moos und feuchtem Holz. Der schwierige Aufstieg ließ mich intensiv ins Hier und Jetzt eintauchen, und als ich endlich ganz oben in den Affensteinen anlangte, überkam mich Freude und Erleichterung. Als dann nach einer Weile ein paar Sonnenstrahlen durch die Wolken schienen, konnte ich mein Glück kaum fassen.

DER FRIENSTEIN Wenn sich in kühlen Frühlingsnächten sanfter Nebel über die Wälder legt und am nächsten Morgen das erste Tageslicht die Wolken in Farbe taucht, ist dies ein unbeschreiblich schöner Augenblick.

ERHABENHEIT Gleißendes Sonnenlicht ergießt sich über zart nebelverhangene Wälder, in der Ferne ragen die Lorenzsteine empor. Egal wo man so etwas erlebt, es ist immer wieder eine erhabene Erfahrung, zu welchen Lichtschauspielen die Natur in der Lage ist. Manchmal dauern diese Augenblicke nur wenige Sekunden, andere Male scheinen sie nicht aufhören zu wollen.

AUSSICHT VON DER IDAGROTTE Einige Male bin ich hier gewesen, und immer war das Licht „so na ja". Am jenem Tag entschied ich mich spontan, mit zwei Freunden einen erneuten Versuch zu starten. Es war fabelhaft! Die Idagrotte am Frienstein in der Hinteren Sächsischen Schweiz ist für viele ein beliebtes Ausflugsziel. Vor allem Schwindelfreie können diese Aussicht voll genießen, denn zuvor muss man über ein schmales Felsband direkt am Abgrund entlang. Im 15. Jahrhundert wurde hier eine Warte auf dem Felsen errichtet und in den 1960er Jahren Klettergeschichte geschrieben, als Fritz Eske die Erstbesteigung der schwersten Kletterroute Deutschlands, der Königshangel (IXa), gelang.

DAS WILDE ELBSANDSTEINGEBIRGE Der Neue Wildenstein ist allseits bekannt durch sein großes Felsentor, den Kuhstall. Hier liegen Gasthaus und Himmelsleiter nebeneinander, und es ist sehr zu empfehlen, das eine vor dem anderen zu besuchen. Wenn man jedoch noch weiter schaut, gibt es auch ein paar schöne Ausblicke, die die Wildheit und den Charakter der Sächsischen Schweiz auf ganz wundervolle Weise zeigen. Hier blickt man am Schneiderloch vorbei zum Bloßstock, über den Alten Wildenstein hinweg bis hin zum Vorderen Torstein, dem Falkenstein und sogar bis zum Gohrisch. An jenem Abend hatte ich das Glück, dass sich noch ein paar kleine Wolken am Himmel zeigten und das letzte Licht des Tages eine intensive Stimmung zauberte.

DIE HINTERE SÄCHSISCHE SCHWEIZ

EIN ERLEBNIS ZWISCHEN STILLE UND TRUBEL

Zarte Nebelschleier ziehen über die Baumkronen des Kleinen und Großen Zschand. Die Lorenzsteine und der Winterstein erheben sich einsam in der Ferne, und am Horizont zeichnet sich ein farbiges Band ab. Kühle Luft umweht mein Gesicht, ich atme die frische Waldesluft ein. Es ist ein unbeschreiblich schöner Anblick und ein Morgen ganz allein auf dem Kleinen Winterberg.

Diese Aussicht war schon zum damaligen Zeitpunkt unter heimischen Landschaftsfotografen bekannt. Seitdem sich Millionen Nutzer täglich über Instagram und Facebook von den fantastischsten Orten der Erde inspirieren lassen, gilt dieser Ort nun auch als Hotspot in ganz Deutschland und Europa. Hier, oberhalb des Kleinen Zschand, beginnt ein Teil der Sächsischen Schweiz, der auf der einen Seite unzählige Besucher über das ganze Jahr anlockt – vom Kleinen Winterberg bis zur Oberen Schleuse in Hinterhermsdorf –, auf der anderen Seite aber auch die stillsten Winkel, urigsten Wälder und tiefsten Schluchten bereithält. Die Natur bot hier die Kulisse für große Hollywoodfilme, und gleichzeitig kann man auch einen ganzen Tag durch die Wälder streifen, ohne einer Menschenseele zu begegnen.

Grenzgänger

Die Kirnitzsch ist seit Jahrhunderten die Triebkraft für diese kleine Region. In Böhmen entspringend, gelangt sie bei Hinterhermsdorf in die Sächsische Schweiz. Sie trieb über Jahrhunderte etwa 16 Mühlen im Tal an, und über mehrere Schleusen und Sammelbecken konnten Flößer Holz ins Elbtal befördern. Gleichzeitig war das Kirnitzschtal auch ein Umschlagort für den Warenverkehr zwischen Deutschland und Böhmen. Boten und Händler durchstiegen zu diesem Zweck die tiefen Schluchten des Großen Zschand; am Alten Zeughaus befand sich eine Zollstation.

Heute kann man wunderbar die Kirnitzschklamm oder den Flößersteig entlangwandern. Sehr reizvoll ist auch eine Kahnfahrt im frühen Tageslicht zwischen den steilen Felswänden, deren eine Seite Deutschland und die andere Tschechien zugehört.

Eigene Wege

Erfreulicherweise orientiert sich der Malerweg auf der vierten und fünften Etappe eher weniger an den touristischen Höhepunkten. Über die Kleinsteinhöhle, das Große Pohlshorn und die Goldsteinaussicht gelangt man scheinbar durch die Hintertür über den Großen Winterberg nach Schmilka. Nimmt man sich Zeit zum Erkunden, erblickt man in den Seitentälern des Großen Zschand oder am Oberlauf der Kirnitzsch viele Orte, die einen märchenhaften Zauber ausstrahlen. Hier hat man das Gefühl, fernab der Zivilisation zu sein. An grauen, nebligen Wintertagen fühlt man sich wie in einer anderen Welt, wenn die neongrünen Flechten und das sattgrüne Moos an den Sandsteinen die einzigen Farbtupfer in einer ansonsten eher farblos anmutenden Landschaft sind.

An manchen Stellen ragen hier die Fichten in den windgeschützten Schluchten bis zu 60 Meter in die Höhe. Eine von ihnen gilt als höchste Gemeine Fichte Deutschlands und als eine der höchsten Europas. Wer weiß, wie lange man sie noch bestaunen kann, denn der durch die lange Bewirtschaftung angelegte Fichtenmonokulturwald fällt seit einigen Jahren dem Borkenkäfer zum Opfer und lässt einen Großteil des Waldes gespenstisch wirken. Im Gegensatz dazu finden sich in Hinterhermsdorf und auf dem Großen Winterberg reiche Buchenwälder.

Übergang

Der Große Winterberg stellt mit seinen 556 Metern den zweithöchsten Berg der Sächsischen Schweiz dar. Von seinem Zentrum aus verändert sich die Landschaft in fast jede Himmelsrichtung in ihrer Gestalt. Steigt man aus den Tiefen des Großen Zschand über die Goldsteinaussicht hinauf, weitet sich hier oben der Blick über das Schmilkaer Becken in Richtung Süden. Ob von der Kipphornaussicht oder die zahlreichen Stiegen entlang nach Schmilka hinab, „Weite" ist hier ganz präsent. Plötzlich erscheinen wieder die dominanten Landmarken wie der Lilienstein oder die kleinen Tafelberge auf der linkselbischen Seite.

Als ich auf meiner Wanderung über den Malerweg hier angelangt war, erfüllte mich dieser Weitblick mit großer Freude. Denn plötzlich konnte ich mit meinen Augen sehen, welche Strecke ich mit den eigenen Füßen in den vergangenen Tagen bereits zurückgelegt hatte. Gleichzeitig bekam ich eine Ahnung, welcher Weg mir noch bevorstand.

Nach einer gefühlten Ewigkeit fernab der Zivilisation wirkt das kleine Dörfchen Schmilka wie das Zentrum weltlichen Treibens. Die Backstube der Mühlenbäckerei erfüllt die Luft mit wohligen Gerüchen, angeregte Unterhaltungen ertönen aus den Biergärten und Cafés, und entdeckungsfreudige Kletterer, Wandersleute und Familien kommen mir mit ihren Rucksäcken entgegen. Nach den zurückgelegten Kilometern schmeckt das frischgebackene Brötchen gleich noch besser.

AUF SPUREN DER FLÖẞER An der deutsch-tschechischen Grenze entspringt die Kirnitzsch und bahnt sich auf über 45 km ihren Weg durch das nördliche Elbsandsteingebirge. Dieser kleine Nebenfluss der Elbe hatte über die vergangenen Jahrhunderte eine enorme Bedeutung für die Menschen, die hier lebten und arbeiteten. Damals wurden die Wälder noch voll bewirtschaftet. Das Holz diente als Baumaterial für die Bauwerke des Barock und der Renaissance in Dresden und Pirna, aber auch den einfachen Menschen als Werk- und Heizstoff. Über verschiedene Staustufen wurden die Stämme hier auf dem Wasserweg ins Elbtal befördert. Die schmalen Pfade entlang des Flusses wurden damals von den Flößern angelegt. Zusätzlich siedelten sich hier mehrere Mühlen und Sägewerke an, um die Kraft des Wassers zu nutzen.

LICHTSPUR In den Tiefen des Kirnitzschtals gibt es zahlreiche Orte, die so gut wie nie direktes Sonnenlicht sehen. Manchmal gelangt nur zu einer bestimmten Zeit im Jahr ein kleiner Lichtschein auf den Waldboden oder in die Felsspalten. Hohe Luftfeuchtigkeit und geringe Luftbewegungen führen dann zu dem sogenannten „Kellerklima". Diese besonderen Merkmale bieten ganz besondere Lebensbedingungen für die Tier- und Pflanzenwelt.

GOLDENER JULIMORGEN Sucht man nach dem Inbegriff wildromantischer Orte in der Sächsischen Schweiz, wird man nach der Bastei definitiv auf den Kleinen Winterberg stoßen. Hier geben sich auf wenigen Metern eine aufregende Aussicht nach der anderen sozusagen die Klinke in die Hand. Die Landschaftsformen wurden wie von Künstlerhand gezeichnet, und es wundert mich immer wieder, wie einzig und allein Wind, Wasser und die Zeit für solch geordnete Schönheit gesorgt hat.

FELSMASKEN Starke Regenfälle und mehrere Erdrutsche hatten die Sächsische Schweiz einige Tage zuvor heimgesucht. Im Wald rumorte es, die Vögel zwitscherten, Rinnsale plätscherten die Felsen und Wege hinab, als wir in der Dunkelheit den Berg bestiegen. Als wir uns der Aussicht näherten und das zarte Rosa der Morgendämmerung und den Nebel im Tal erblickten, lenkte Euphorie unsere Schritte. Nicht selten entdeckt man in den vielfältigen Sandsteinformen auch Ähnlichkeiten mit Gesichtern oder Tieren, so wie hier in der Nähe des Heringsteins.

ÜBERLEBENSKÜNSTLER Es ist immer wieder faszinierend, wie sich an den äußersten Felsriffen und steilsten Felskanten diese kleinen Kiefern ihren Lebensraum suchen und Schneelasten, Stürmen und Trockenheit trotzen. Die äußerst niederschlagsarmen und heißen Sommer der letzten Jahre begannen dennoch dem ein oder anderen Baum zuzusetzen. In der Natur ist alles ein Werden und Vergehen, auch wenn es manchmal Jahrzehnte dauert. Solche Bilder schaffen auch ein kleines Zeitdokument. Es freut mich immer sehr, wenn dies dann auch noch mit einem solch feinen Licht gelingt.

ELBSANDSTEIN-ROMANTIK Es gibt Tage, da fehlen mir die Worte, und ich möchte am liebsten einfach niederknien vor Dankbarkeit, Glück und Freude. Gleichzeitig kann ich solche Momente aber auch nicht verstreichen lassen, sondern muss unweigerlich ein Foto machen. Nach all den Jahren gelingt dies glücklicherweise ohne zu große Anstrengungen, sodass sich Genießen und Fotografieren die Waage halten.

DER WINTERSTEIN Der Winterstein im Kleinen Zschand ist seit den Malern der Romantik ein beliebtes Motiv. Die Romantiker der Neuzeit in Form der Landschaftsfotografen suchen diese Aussicht am Gleitmannshorn immer wieder in der Hoffnung auf, einmal das perfekte Licht zu erleben. Diese Momente des perfekten Lichts können immer wieder anders aussehen. Zwei meiner schönsten Erlebnisse zeige ich auf diesen zwei Seiten. Wenn die Sonne gerade so viel Kraft hat, die verschiedensten Nebelschichten im Tal zum Leuchten zu bringen, ist das immer wieder ein Augenblick, der ein großes Staunen in mir auslöst.

GENIESSE DIE RUHE Wenn im Winter eine dicke Schneedecke die Landschaft zur Ruhe bettet, senkt sich eine tiefe Stille über alles. Einzig das Knirschen der Schritte und der eigene Atem dringen zu den Ohren. An solchen bedeckten Tagen weicht alle Farbe, und die Welt sieht fast aus, als wäre sie schwarz-weiß. Wer sich das Bild in Ruhe anschaut, erkennt dennoch die Tiefe dieser Winterlandschaft.

DER TAG BRICHT AN Die Birken auf diesem Felsriff östlich der Rotkehlchenstiege werden von den morgendlichen Sonnenstrahlen golden erleuchtet, während das Tal noch im Schatten liegt. Zur gleichen Zeit ist es vielleicht das letzte richtig sommerlich warme Wochenende des Jahres, und viele Touristen, Kletterer und Naturliebhaber erkunden diese Gegend. Die Achtsamkeit gegenüber der Natur spielt bei solchen Erlebnissen eine ganz entscheidende Rolle. Man ist zu Gast und gleichermaßen auch verantwortlich dafür, dass dieser Ort auch weiterhin Heimat von vielen Tier- und Pflanzenarten und ein Ort der Erholung für kommende Gäste sein kann.

HERBSTABEND Auf dem Reitsteig zwischen Schrammsteinen und großem Winterberg hat man immer wieder die Möglichkeit, auf die andere Elbseite zu blicken. Es ist erstaunlich, wie anders dort die Topografie ist. Auf der rechtselbischen Seite finden sich steil aufragende Felsen, auf der linken Elbseite eher kleinere und mittelgroße Tafelberge. Im letzten Licht eines Herbsttages kommt dieser Kontrast mit dem Blick zum Zirkelstein schön zur Geltung.

DES KAISERS KRONE Mit dem benachbarten Winkler- und Wachturm bildet der Rauschenstein aus Sicht des Lehnsteigs eine Felsform, die an eine Kaiserkrone erinnert. Dieser etwa 40 Meter hohe Felsen am südlichen Rand des Schmilkaer Kessels findet sich auf vielen Bildern immer wieder. Doch allzu leicht ist dieses Unternehmen nie, denn man muss immer erst eine der steilen Stiegen oder Wege im Schmilkaer Gebiet erklimmen. Wenn sich auf dem Gipfel der Puls wieder gesenkt hat, kann man diese Aussicht ewig genießen.

URLAUBSSTIMMUNG AM LEHNSTEIG
Die südlichen Ausläufer der Affensteine sind besonders stark zerklüftet. Mehrere Gründe schieben sich hufeisenförmig in das Felsmassiv. Die weit hervortretenden Felsriffe über dem Tal wirken wie Steilküsten an einem Meer. Barfuß hat man hier oben sogar Sand unter den Füßen und kann wunderbar rote Sonnenuntergänge genießen.

DAS PECHOFENHORN IM MORGENLICHT
An der Grenze zwischen Großem und Kleinem Zschand steht der Winterstein – auch als Hinteres Raubschloss bekannt. Seine markante Form ist vor allem vom Kleinen Winterberg aus ein echter Blickfang. Steht man jedoch einmal auf selbigem, entstehen ganz neue Perspektiven. Zuvor muss man sich jedoch erst einmal über eine 15 Meter hohe freistehende Eisenleiter trauen. Dafür wird man mit einem tollen Rundumblick zu den Bärfangwänden, dem Teichstein, dem Kleinen Winterberg und wie hier zum Pechofenhorn belohnt. Beim genaueren Hinsehen fällt der Mond knapp über dem Horizont auf.

GRENZGÄNGER Folgt man den kleinen Wanderwegen am Oberlauf der Kirnitzsch bei Hinterhermsdorf, befindet man sich direkt an der Grenze zu Tschechien. Hier bildet der kleine Fluss an sehr vielen Stellen die natürliche Grenze zwischen beiden Ländern. Besonders bekannt ist die Klamm bei der Oberen Schleuse, bevor sie sich wenig später mäandernd durch dieses idyllische Tal schlängelt. Je nach Licht und Jahreszeit findet man hier einige Kleinode, die im Gegensatz zu den großen aufregenden Aussichten fast untypisch für die Sächsische Schweiz wirken.

DAS BRUCHTAL Der Zauber der stillen Täler liegt oft in solchen kleinen Naturszenen. Hier am Kirnitzschkegel weitet sich das Tal ein Stück weit, als ob es noch einmal Luft holen möchte, bevor es sich wieder zwischen den Felsen des folgenden Kirnitzschtals verengt. Tautropfen säumen die zahlreichen Grashalme, und dazwischen wippen in der leichten Morgenbrise die zahlreichen Spinnweben. Würde hier kein Hinweisschild stehen, käme es niemandem in den Sinn, dass ein paar Meter weiter ein anderes Land beginnt. Hier scheint die Welt zur Ruhe und zum Frieden zu kommen. Würden uns hinter der nächsten Biegung Elben begegnen, wäre dies fast keine Überraschung mehr.

VERBUNDEN Gerade der Oberlauf der Kirnitzsch bietet immer wieder eine wohltuende Abwechslung zu dem Trubel der Vorderen Sächsischen Schweiz. Wird der Tag auch noch so heiß, hier ist es angenehm temperiert. Hier kann man sich immer wieder aufs Neue mit der Natur und sich selber verbinden. Auf der fünften Etappe des Malerwegs gelangt man nach dem Abstieg vom Pohlshorn an diesen Ort. Noch mal eine kurze Abkühlung, dann geht es wieder weiter, hinüber zum Zeughaus und dann steil hinauf zum Goldstein.

DER GOLDSTEIN Über den dunklen Tälern und den tiefen Wäldern des Großen Zschand gibt es einen Ort, der gerade an einem Herbstmorgen seinem Namen alle Ehre macht, den Goldstein. Hier entlang des Malerwegs findet man eine Aussicht, die einen weiten und tiefen Blick bietet. Vom Zeughaus an schnauft man den steilen und langen Berg hinauf. Die ersten Sonnenstrahlen tauchen die Sandsteine in ein goldenes Licht. Da wird die Phantasie geweckt, und man staunt, welcher Bilderreichtum in den Landschaftsbezeichnungen steckt.

AUSDAUER Für die Anstrengungen, um auf die Goldsteinaussicht gelangen, braucht es definitiv eine gute Ausdauer. Es gibt aber auch Tage, da benötigt man vor allem Ausdauer, um einen kleinen Lichtschein zu erblicken. Es war wirklich nicht abzusehen, dass ein solcher sich noch einmal zeigt, doch ich hatte es irgendwie im Gefühl. Manchmal läuft mir dann ein Schauer den Rücken hinunter, wenn genau dies wenig später eintritt. Auch wenn das goldene Licht nur schwach über den hohen Borkenkäferbefall im Großen Zschand hinwegtäuschen kann, war es eine lohnenswerte Tour. Wir dürfen gespannt sein, wie sich die Natur hier in den nächsten Jahren umgestaltet.

VOM ZIRKELSTEIN ZUM GROSSEN BÄRENSTEIN

DAS GEBIET DER STEINE

Auf den letzten drei Etappen des Malerwegs durchwandert man fast den gesamten linkselbischen Teil der Sächsischen Schweiz mit ihren markanten Tafelbergen. Auf einer weiten Ebenheit, unterbrochen von einigen Bächen und Tälern, liegen der berühmte Pfaffenstein, Königstein und Zirkelstein. Im Norden bildet die Elbe die natürliche Grenze, und von Osten bis in den Süden reicht das Gebiet der Steine bis an die tschechische Staatsgrenze heran. Ganz im Westen verwandelt sich die Landschaft und flacht sich bis zur Renaissancestadt Pirna, dem Tor zur Sächsischen Schweiz, ab.

Zu einem der berühmtesten Bilder der Romantik ließ sich Caspar David Friedrich am Fuße der Kaiserkrone inspirieren. Das Bild „Der Wanderer über dem Nebelmeer" steht wie kaum ein anderes für den wildromantischen Reiz, den diese Region ausmacht. Bis heute finden sich jedes Mal bei Nebel zahlreiche staunende Fotografen und Naturliebhaber zu früher Stunde zusammen, um dieses Naturschauspiel zu betrachten.

Klein, aber oho

Im Gegensatz zu den hohen, steilen Felsen der Schramm- und Affensteine ist jeder der Steine im Vergleich dazu eher klein. Schaut man jedoch genauer hin, bieten sie auf kleinstem Raum eine unglaubliche Vielfalt an Höhlen, Stiegen, aufregenden Felsformationen, Brutstätten für Greifvögel und Fledermäuse und Lebensräume für verschiedenste Lurche und Reptilien. Die weiten Waldflächen, die sich gerade in Richtung Süden zum Großen Zschirnstein und Hohen Schneeberg ausdehnen, dienen weiteren Wildtieren als Heimat, vom Rothirsch bis zum Marderhund. Zum Erhalt dieses Naturraums wurde er zum Landschafts- und Naturschutzgebiet erklärt.

Rundumblick

Gerade für Fotografen haben die Steine auf der linkselbischen Seite den besonderen Reiz, dass sie einen großartigen Rundumblick bieten. Berühmte Landmarken wie die Hunskirche, der Falkenstein und der Bloßstock rücken zu einer spannenden Perspektive zusammen, wenn man zum Beispiel auf dem Gohrisch steht. Der Ausblick vom Felsplateau an der Barbarine führt zum Gohrisch über tolle Wälder oder die Aussicht oberhalb vom Nadelöhr, einer schmalen steilen Stiege durch ein Felsloch, zum Lilienstein und der Festung Königstein.

Ganz besonders ist auch der Blick vom Großen Bärenstein, auf dem man wirklich die ganze Sächsische Schweiz vor sich liegen hat. Hier nahm auch meine Leidenschaft für die Landschaftsfotografie ihren Lauf.

Reizvoll für Familien

Die Gebiete um den Papststein, das Labyrinth bei den Nikolsdorfer Wänden, das Bielatal, der Pfaffenstein und die Gegend um den Rauenstein sind hervorragend für Familien geeignet. Relativ leichte und abwechslungsreiche Routen laden hier zum Erkunden und Entdecken ein. Alle Ziele sind auch mit öffentlichen Verkehrsmitteln gut erreichbar und bieten Kindern schöne kleine Abenteuer zwischen den Felsenwelten der Sächsischen Schweiz.

Eine der größten Festungsanlagen Europas thront ganz in der Nähe über dem Elbtal: die Festung Königstein. Die große Anlage lädt zum Verweilen und Lernen ein. Wechselnde Ausstellungen, das militärhistorische Freilichtmuseum und attraktive Kulturveranstaltungen über das ganze Jahr machen diesen beeindruckenden Ort mit seinem einmaligen Blick über das Elbtal für alle lohnenswert.

Hinterhofabenteuer

Die letzte Etappe des Malerwegs endet in Pirna. Blickt man kurz vor dem Abstieg zur Stadt an der imposanten Marienkirche vorbei in die Ferne, sieht man den Dresdner Fernsehturm und die Kirchtürme Dresdens. Dies macht auf ganz besondere Weise deutlich, wie nah die Sächsische Schweiz vor den Toren Pirnas und Dresdens liegt. Der Weg ins Abenteuer liegt quasi vor der Haustür, und es ist ein großes Geschenk für alle, die hier leben, solch einen Naturschatz ganz in der Nähe zu haben.

Wie bei kaum einem anderen Nationalpark Deutschlands haben die Menschen hier zur Sächsischen Schweiz eine ganz persönliche, mitunter auch emotionale Beziehung. Dieses Verhältnis von Mensch und Natur wirft immer wieder neue Fragen und Herausforderungen auf. Der Umgang damit und die Lösungen, die es braucht, bieten auf der einen Seite ein großes Spannungsfeld, auf der anderen Seite führen sie zu einem lebendigen Austausch und zu einer ständigen Weiterentwicklung von Schutz- und Kulturkonzepten.

WINTERLICHER BLICK ZUM ZIRKELSTEIN
−8 °C, vereinzelte Schneereste und keine Wolke am Himmel. Über eiskalte Wochen hinweg hatte es kaum eine Flocke geschneit. Die Luftfeuchtigkeit war zu gering für Raureif an den Bäumen. Ich lauerte förmlich, und als es an einem Abend endlich schneite, ging es für mich am nächsten Morgen sofort nach draußen. Vor lauter Motivation war ich viel zu früh an der Kaiserkrone. Um mich warm zu halten, lief ich kreuz und quer über die Kaiserkrone und hielt nach dem perfekten Bildausschnitt für den Zirkelstein Ausschau. Die ersten Sonnenstrahlen gestalteten auf magische Weise die vor mir liegende Szenerie. Es war zauberhaft.

MAGIE Auf der sechsten Etappe des Malerwegs gelangt man auf den Papststein. Dieser bildet mit dem benachbarten Kleinhennersdorfer Stein und dem Gohrisch ein wunderbares Ausflugsziel für Familien. Doch neben dem gemütlichen Berggasthof, den Höhlen und vielen Aussichten findet vor allem diese kleine Kiefer immer wieder große Beachtung. Kaum größer als 30 Zentimeter, steht sie hier wacker auf dem kargen Sandsteinfelsen. Nur durch einen achtsamen Umgang mit ihr wird sie auch noch für spätere Generationen erlebbar sein. Sie in solch einem beeindruckenden Licht zu fotografieren, führte bei mir und meinen Freunden an diesem Abend zu einem großen Glücksgefühl.

WOLKENATLAS Wenn das ganze Elbtal wie in Watte gehüllt ist und nur einzelne Bergkuppen herausschauen, fühle ich mich immer wie im siebten Himmel. Solche Erlebnisse lassen sich nie planen, und man muss sie einmal selber erlebt haben, um zu verstehen, warum kein Landschaftsfotograf jemals müde wird, solche Szenen zu fotografieren. So einen weiten, klaren und vor allem schönen Blick über die Hintere Sächsische Schweiz hin zur Böhmischen Schweiz habe ich so nie wieder gesehen.

DIE HUNSKIRCHE Hat man die Wetterfahne auf der Westseite des Gohrisch erreicht, kann man bei etwas weniger Nebel hier die Hunskirche auf der Nordseite des Papststeins, den Falkenstein, die Schrammsteine und den Bloßstock entdecken. Schon an sich ist sie ein schönes Motiv über das gesamte Jahr hinweg, doch ragt sie zur Morgendämmerung so prominent aus dem Strom des Nebels, ist dies wirklich etwas ganz Besonderes. Die lange Verschlusszeit bringt das Fließen des Nebels elbabwärts besonders gut zur Geltung.

EIN WEITERER TAG IM PARADIES Der Gohrisch ist für gewöhnlich kein Felsen im Nebel, zu hoch liegt er über dem Elbtal. Was wir jedoch an jenem Morgen erleben durften, verschlug uns die Sprache. Wie ein riesiges Meer wogte der Nebel auf und ab und schob sich in Täler und zwischen Felsen hindurch. Über all dem gab es dann auch noch einen wundervollen Sonnenaufgang. Mein Herz jubelte vor Freude – selbst heute noch fehlen mir die Worte, die dieses Erlebnis über den Wolken treffend beschreiben könnten.

UNGEMÜTLICH, ABER SCHÖN Es regnete, der Wind pfiff eiskalt über die Tafelberge hinweg und es war stockduster. Meine Erwartungshaltung lag für den Sonnenaufgang quasi bei null. Mit ein paar schönen Gesprächen, Anekdoten und heißem Kaffee hielten wir uns die zähen Minuten bis zur Dämmerung bei Laune. Als wir schließlich an der Wetterfahne auf dem Gohrisch ankamen, ließ der Regen nach, und wir konnten wild aufwirbelnde Nebelschwaden um uns herum erahnen. Sofort ging ein Raunen durch die Runde, und die Lust, die Kamera herauszuholen, stieg schlagartig. Am Ende waren zwar alle pitschnass, aber bei guter Laune und mit ein paar mystischen Bildern auf der Speicherkarte recht zufrieden mit diesem Tagesbeginn.

DIE BARBARINE Die Barbarine am südwestlichen Ende des Pfaffensteins ist wohl einer der bekanntesten Felsen der Sächsischen Schweiz. Über 40 Meter ragt diese grazile Felsnadel aus dem Wald empor. Sie ist seit 1978 ein Naturdenkmal. Der Sage nach ist sie eine versteinerte Jungfrau, die ungehorsame Kinder ermahnen soll. Es heißt, eine Mutter habe ihre Tochter sonntags in die Kirche geschickt. Diese aber sei in die Heidelbeeren auf den Pfaffenstein gegangen. Dort traf sie ihre Mutter an, die sie aus lauter Zorn verwünschte und auf der Stelle zu Stein werden ließ.

DIE HERKULESSÄULEN Etwas abseits von den großen Wanderströmen liegt das kleine ruhige Bielatal. Zwischen der Schweizer Mühle und der Ottomühle ragen hier 20 Meter hohe Felssäulen aus dem Waldboden. Die beiden abgebildeten werden seit dem 19. Jahrhundert nach dem Gelehrten Carl Merkel Herkulessäulen genannt. Wegen seiner guten Erreichbarkeit ist dieser Ort vor allem bei Kletterern aus aller Welt und Familien sehr beliebt.

DER RAUENSTEIN Die letzte Etappe auf dem Malerweg hält noch einmal ein paar besondere Ausblicke parat. Der Rauenstein liegt direkt auf der anderen Elbseite, gegenüber von der Bastei und in direkter Nachbarschaft zum Großen und Kleinen Bärenstein. Durch die Lage direkt an der Elbschleife wendet sich so manche Perspektive, und durch die weiten Ebenen zwischen den Tafelbergen verschwindet das Elbtal fast aus dem Blick – wäre da nicht das Nebelband, das gerade hier häufig über dem Flusslauf in den Morgenstunden liegt. Das obere Bild zeigt die „Nonne", einen kleinen Kletterfelsen, der östlich des Rauensteins liegt und um den sich wie um so viele andere Felsen eine eigene Sage rankt. Das rechte Bild zeigt den Paffenstein aus der Ferne im Morgenlicht.

DER LILIENSTEIN Da ist er, wie ein unsinkbares Schiff hoch über dem Nebelmeer, Symbol der Sächsischen Schweiz. Er ist fast von überall zu sehen, selbst von Dresden und vom Hohen Schneeberg in der Böhmischen Schweiz. 1708 erstieg August der Starke den einzigen Tafelberg auf der rechtselbischen Seite und ließ zu diesem Anlass die Stufen in die Südseite schlagen. Zwischen den 1970er und 90er Jahren wurden an der Ostseite wieder Wanderfalken angesiedelt. An der Westecke befindet sich eine der drei massiven Felswände der Sächsischen Schweiz, die zum Klettern freigegeben sind. Dies ist daher erwähnenswert, da sonst nur an freistehenden Felsen geklettert werden darf.

GUTEN MORGEN, SÄCHSISCHE SCHWEIZ
Die Aussicht am Großen Bärenstein hatte mich von Beginn an in ihren Bann gezogen. Die Art und Weise, wie sich die Sächsische Schweiz an diesem Ort vor mir ausbreitet, hatte meine Motivation, diese Region kennenzulernen, ganz entschieden beeinflusst. Ich fühle mich mit diesem Ort in ganz besonderer Weise verbunden. Bei meinem letzten Besuch traf mich jedoch ein Schock. Die schöne Kiefer, die genau mittig und ganz vorne dieses Sandsteinriff ziert, war abgestorben. Wie ein Schatten ihrer selbst steht sie nun klapperdürr dort vorn. Mit diesem Bild eines phänomenalen Septembermorgens möchte ich ihr noch einmal ein kleines Andenken schenken. Denn auch wenn alles Leben Veränderung bedeutet, in unserer Erinnerung können wir Kraft aus den guten Zeiten schöpfen.

DIE FESTUNG KÖNIGSTEIN Bevor der Malerweg auf der letzten Etappe an die Elbe und nach Pirna führt, kann man ein letztes Mal die Festung Königstein in ihrer ganzen Pracht erblicken. Sie zählt zu einer der größten Bergfestungen Europas und hat für die Region vom späten Mittelalter bis heute eine große Bedeutung. Über die Jahrhunderte wechselte die Art ihrer Nutzung ständig. Über den längsten Zeitraum lag diese vor allem im militärischen Bereich, sie wurde aber auch als Gefängnis genutzt. Einer der bedeutendsten Insassen war zu Beginn des 18. Jh. der Miterfinder des Europäischen Porzellans, Johann Friedrich Böttger. Mittlerweile ist die Festungsanlage ein Museum und zieht jedes Jahr ungefähr eine halbe Million Besucher an.

DIE MAGIE DER NACHT

MYSTISCHE DUNKELHEIT

Wenn die Sonne unter dem Horizont verschwindet und ein kühler Luftzug über die Landschaft weht, beginnt eine Zeit, die seit jeher auf den Menschen eine ganz besondere Faszination ausübt, die Nacht. Sie ist der Übergang von einem Tag zum anderen und bietet den Menschen Raum zum Innehalten, zum Zusammenkommen und zum Kraftschöpfen im Schlaf. Die Nacht ist ein Mysterium, gerade für uns Menschen, da wir rein von Natur aus ziemlich hilflos im Dunkeln sind. Unseren Augen gelingt es nur schwer, wirklich etwas wahrzunehmen. Hinzu gesellt sich noch ein Gefühl von Unsicherheit. Was für viele Menschen in der Stadt nur schwer vorstellbar ist: Im Wald lernt man schnell, dass es bei Nacht wirklich dunkel ist.

Ein Herz gefasst

Bei mir dauerte es etwa ein Jahr, bis ich mir ein Herz gefasst hatte und in der Sächsischen Schweiz eine Nachtwanderung unternahm. Mehrere Tage im Voraus studierte ich die Wanderkarten und stellte mir meine Route zusammen. Ich wollte mich nur auf Wege verlassen, die ich zuvor tatsächlich schon einmal gegangen war.

So mutig ich schließlich meine Tour begann, so schnell spürte ich schließlich in der Dunkelheit, kurz vor Mitternacht, ein beklemmendes Gefühl in mir aufkommen. Wenn die Sicht einzig auf den Lichtkegel der Stirnlampe beschränkt ist und das Gehör plötzlich nach allen möglichen Sinnesreizen sucht, um den Mangel an Seh-Wahrnehmung auszugleichen, ist dies ein sehr eigenartiges Gefühl. Überall gibt es Geraschel, Knacken von Ästen, ein Rauschen geht durch die Baumkronen, und man hört fast den eigenen Herzschlag. Die Wege verlieren plötzlich ihre Kontur und wirken fast endlos. Minütlich zückte ich die Karte und überprüfte meinen Standort zusätzlich auf meinem Smartphone. Zweifel an meiner Unternehmung kamen auf.

Lichter der Nacht

In mir selber verwandelte sich schlagartig das Gefühl der Beklemmung in ein achtsames Staunen, als ich nach einer mehrminütigen Belichtung auf mein Kameradisplay blickte. Wo meine Augen zuvor nur die kleinen Lichter der weit entfernten Ortschaften und ein paar schwarze Silhouetten erkennen konnten, sah ich nun die verschiedensten Strukturen und Farben der Landschaft bei Nacht. Dieses Erlebnis änderte vieles in mir, und von da an machte ich mich regelmäßig auf den Weg, wenn sich die Leute schlafen legten. Ob im Mondlicht oder unter dem Zelt von Tausenden von Sternen, die Magie der Nacht hatte mich ergriffen.

Neben aller Magie ist die Lichtverschmutzung in der Sächsischen Schweiz leider nicht zu leugnen. Sie erschwert vor allem die Sternenfotografie, da sich die Lichtabstrahlung der umliegenden Dörfer und Städte stark auf die Sichtbarkeit der Sterne auswirkt und mitunter durch den Dunst, der sich bei Nacht über dem Elbtal bildet, verstärkt wird. Bei Mondlicht hingegen sind gerade diese Lichttupfer in der Landschaft ein schönes Gestaltungselement. Sie lassen Täler erleuchten und setzen Akzente in der ansonsten eher schwarzen Landschaft oder helfen, die Dimension von Entfernungen sichtbar zu machen. Gerade wenn man bei Nacht auf dem Carolafelsen steht, sieht man plötzlich in der Ferne Pirna und Dresden.

Demut

Die Natur ist die wahre Meisterin. Ich bin nur ein Gast, der sich hier bei Nacht so rücksichtsvoll wie möglich verhält, damit sich die Tiere in ihrem natürlichen Lebensrhythmus und vor allem in ihrem natürlichen Lebensraum nicht gestört fühlen. Wenn sich bei Mondlicht Nebel im Tal bildet und ich auf einem Felsen mein Stativ aufbaue, mich ruhig danebensetze und mich ganz behutsam bewege, habe ich schon sehr oft erleben können, wie reich die Eindrücke und vor allem die Aktivität der Tiere bei Nacht sind.

Fledermäuse, Siebenschläfer und Mäuse sind da noch die harmloseren Besucher. Wenn ein Wildschwein etwa zehn Meter entfernt grunzend den Waldboden nach Früchten absucht und mir fast das Herz in die Hose rutscht oder ein Fuchs sich unbemerkt an meinem etwas entfernt liegenden Rucksack bedient, den Proviantbeutel stibitzt und die Trinkblase zerbeißt oder 50 Meter hinter mir im ersten Dämmerlicht Rehe ihren „Schrecklaut" geben, sind dies die beunruhigenderen Erlebnisse. Immerhin: Obwohl hin und wieder auch Wölfe oder deren Spuren in der Gegend gesichtet wurden, kann ich von einer solchen Begegnung nicht berichten.

Ausflug in die Nacht

Auf den folgenden Seiten möchte ich Sie zu einigen der bekanntesten Aussichten der Sächsischen Schweiz mitnehmen. Mit meiner Kamera und ein paar lichtstarken Objektiven konnte ich zumindest einen kleinen Teil der Magie festhalten, die die Nacht auf diese Orte ausstrahlt. Der Blick in den klaren Nachthimmel bewegt jeden Menschen im Innersten. Das Licht der Sterne rührt aus einer längst vergangenen Zeit, und doch führt es uns der Zukunft, dem neuen Tag entgegen.

MONDSCHEINSONATE In dieser Nacht klingelte mein Wecker um 1:15 Uhr. Eine etwas ungewöhnliche Zeit im späten Herbst, doch ich hatte eine Idee, die mich schon seit drei Jahren begleitete: den Monduntergang von der Schrammsteinaussicht zu fotografieren. Meine bisherigen Versuche waren leider nie optimal verlaufen, doch diesmal durchfuhr mich oben auf der Aussicht ein tiefes „Oooooh!" Was war das für ein fantastischer Anblick – surreal schön! Es brauchte einige Versuche, bis der Fokus richtig saß und auch die Felsen zu sehen waren, denn der Nebel änderte sich sekündlich. Dieser Augenblick war schließlich der beste der Nacht, und ich habe dort oben jubiliert vor Glück, als das Bild schließlich im Kasten war.

VERNEIGUNG Völlig durchgeschwitzt hatte ich nach dem Regen der Nacht die Kiefer im ersten Dämmerlicht des Tages erreicht. Die Mondsichel erhob sich über der Landschaft und es schien, als würde sich die Kiefer an der Häntzschelstiege vor dieser anmutigen Stimmung verneigen. Welch ein Augenblick!

VORFREUDE AM KLEINEN WINTERBERG Es gibt Tage, da bin ich schon so lange vor Sonnenaufgang oben auf dem Berg, dass ich noch die Möglichkeit habe, die ersten Momente vom Übergang der Nacht zum Tag zu erleben und manchmal sogar auch den Mond zu sehen. Dies ist gar nicht immer selbstverständlich. Umso erfreuter bin ich, wenn es passt und ich sogar die Szene fotografisch festhalten kann. Wenn die Nacht so ist, kann der Morgen nur fantastisch werden.

WINTERMOND In dieser Nacht wagte ich eine mitternächtliche Wanderung, um die Carola-Aussicht im Mondlicht zu fotografieren. Bei –7 °C ging es hinauf durch die Wilde Hölle, die wirklich ihren Namen verdient hatte: vereiste Steine, umgestürzte Bäume, Schnee und Tauwasser. Ich lief mutterseelenallein durch diese dunkle Schlucht und spürte schnell, dass auch meine Kondition im Wintermodus war: Einige Male musste ich verschnaufen. Doch als ich oben ankam, überkam mich eine unglaubliche Freude. Den ersten Blick, der sich mir dort oben bot, hielt ich mit diesem Bild fest. Ich war weit über eine Stunde an diesem Ort und konnte in aller Stille diesen Augenblick genießen.

VOLLMOND Wenn nachts alles schläft und der Mond hoch am Himmel steht, streife ich manchmal durch die Gegend und versuche die Landschaft im Lichtschein des Mondes zu fotografieren. Gerade die bekannten Orte suche ich gern auf, um mal eine ganz andere Seite von diesen Plätzen zu zeigen, so wie hier bei der Basteiaussicht. Im Tal wogte der Nebel hin und her, und der hochstehende Mond erzeugte ein blassbläuliches Licht. Nachdem sich meine Augen an das schwächere Licht gewöhnt hatten, schien es fast taghell zu sein.

LICHTERDRAMA IM SCHNEE Die Wehlnadel im Schneekleid war in den vergangenen Wintern ein seltener Anblick. Gerade in der Vorderen Sächsischen Schweiz und auf der linkselbischen Seite ist die Nähe zu den kleinen Ortschaften ein ganz markantes Merkmal für diese Region. Besonders sichtbar wird diese Tatsache bei Nachtaufnahmen. Viele Astrofotografen meiden solche Lichtverschmutzungen. Manchmal ergeben sich daraus aber ganz schöne Farbkontraste. Bei diesem Bild hatte wohl der Hausmeister der Felsenbühne Rathen vergessen, das Licht auszuknipsen.

SOMMERLICHE STERNENNACHT AM LEHNSTEIG Die Sterne üben seit Menschengedenken eine unglaubliche Faszination auf uns aus. Es entstanden Mythen, Legenden, Abenteuer und ganze Kulturen durch die Auseinandersetzung mit unserem nächtlichen Firmament. Außerdem fühlt man sich persönlich berührt, wenn man in einer stillen Nacht irgendwo in der Natur in die Sterne schaut. Wünsche und Bitten werden im Innern gefasst, erblickt man eine Sternschnuppe, und es vermittelt Hoffnung, wenn uns das Licht aus längst vergangenen Zeitaltern erreicht und im Hier und Jetzt Orientierung gibt, den eigenen Weg zu finden. Früher orientierten sich die Menschen fast ganz selbstverständlich an den Sternen, heutzutage gibt es nur noch ganz wenige Orte, an denen man überhaupt noch eine Vorstellung davon bekommen kann, wie unsere Vorfahren den Nachthimmel sehen durften. Die Aussicht am Lehnsteig war in dieser Nacht die richtige Wahl, vor allem weil kurz vor dem Rückweg der aufgehende Mond den Rauschenstein anstrahlte.

STERNENPRACHT ÜBER DEM HÖLLENHUND Die Milchstraße zu fotografieren, gleicht immer einem ruhigen Abenteuer. Behutsam tastet man sich im Schein der Stirnlampe durch die Nacht zu einer Aussicht hin. Jedes Knacken, jedes Rascheln wird aufmerksam wahrgenommen. Hier und da flattern Fledermäuse durch die Dunkelheit, manchmal huscht eine durch das Licht. Die Zeit scheint unter dem nächtlichen Firmament stillzustehen, während ich die Einstellungen an der Kamera vornehme und mich an einen stimmigen Bildausschnitt herantaste.

DER TEUFELSTURM BEI NACHT Von Frühling bis Herbst kann man in unseren Breiten bei Neumond die Milchstraße gut sehen. Dies bedeutet für mich in diesen Nächten, rauszugehen, sooft es geht. Doch nicht immer hatte ich Glück mit einem klaren Himmel. Ganz anders war es in dieser lauen Nacht. Schon am Vorabend klarte der Himmel komplett auf, und meine Hoffnung auf eine tolle Sternennacht stieg. In der Dunkelheit konnte ich trotz der Lichtverschmutzung am Horizont mit bloßem Auge die Milchstraße sehen. Irgendwo im Wald erscholl das Rufen einer Eule, Fledermäuse flogen pfeilschnell durch die Finsternis und im Unterholz knackte es verdächtig. Das sind Erlebnisse, die mich alle Alltagssorgen vergessen und das stille Glück genießen lassen.

**DIE STEINERNE JUNGFRAU IM STERNEN-
KLEID** Wie so viele andere Orte in der Sächsischen Schweiz macht auch die Barbarine am Pfaffenstein in einer klaren kalten Sternennacht eine gute Figur. Doch jede Schönheit hat auch ihren Preis. Dank zahlreicher Erfahrungen auf meinen Nachtwanderungen fällt dieser zum Glück recht klein aus: Ich fror. Die Orte hatte ich alle vorher schon unzählige Male bei Tageslicht besucht, um die Wege genau zu kennen und die Gefahren gut einschätzen zu können. Bin ich dann einmal da, schwebe ich zwischen höchster Konzentration und totaler Gelassenheit.

DANKSAGUNG

Ich schrieb dieses Buch in einer Zeit, in der die gesamte Welt auf dem Kopf stand. Überall gab es Sorgen, Ängste und Nöte unter den Leuten. Covid-19 hielt die Menschheit in seinem Bann.

Ein paar Wochen zuvor hatte ich einen Anruf von meinem Freund Timm Allrich erhalten – er habe eine ganz tolle Idee: Ich könnte doch einen Bildband zur Sächsischen Schweiz machen. Meine Partnerin war zu diesem Zeitpunkt hochschwanger, und wenige Tage später brachte sie unseren zweiten Sohn zur Welt. Ich sagte Timm und Mark Wachsmann vom humboldt Verlag zu – wenn nicht jetzt, wann dann!

Wie im Zeitraffer verging die Zeit, und ich blieb bis weit in die Nacht wach. Ich nutzte die Zeit der Ausgangsbeschränkungen, um mich auf die Zeit zu besinnen, die hinter mir, aber vor allem vor mir lag. Ich will mit diesem Buch Freude in die Welt hinausschicken und zeigen, dass wir Menschen in Extremsituationen über uns hinauswachsen können, wenn wir uns immer wieder in kleinen Momenten der Schönheit des Lebens zuwenden.

Nun konnte ich über all die Jahre so viele schöne Erlebnisse natürlich nicht im Alleingang fotografieren. Darum möchte ich an dieser Stelle sehr gerne denen Danke sagen, die mich stets unterstützt haben und sehr gute Kameraden, Weggefährten und Inspirationsquellen für mich sind:

- meiner Partnerin Laura, die seit fünf Jahren meine Leidenschaft für die Landschaftsfotografie mitträgt und mir bei so vielen Foto-Unternehmungen den Rücken freigehalten hat
- meiner Familie, die sich erfreulicherweise schon ganz am Anfang für meine Bilder begeistern konnte und mir immer Unterstützung gab
- dem Tourismusverband Sächsische Schweiz für ihren frühzeitigen Zuspruch und die tolle Zusammenarbeit über all die Jahre
- Stephan Wiesner für die Zusammenarbeit am Magazin Zielfoto „30 Spots im Harz und Elbsandsteingebirge" (stephanwiesner.de)
- der „Stativkarawane" (stativkarawane.de) und Hartmut Landgraf (sandsteinblogger.de) für den tollen Austausch und die tiefen Gespräche über die Fotografie und das Draußensein in der Sächsischen Schweiz, die inspirierenden Multi-Visions-Shows und Zeitrafferfilme
- Rico Richter (elbsandstein-bilder.de), Stefan Junghannß (stefanjunghannss.de) und Tobias Richter (richterphotographie.de) – eure Bilder waren und sind mir immer eine große Inspirationsquelle
- Martin Kirsch, Martin Göhring (martingoehring.com), Hans Fineart (hans-fineart.com), Alexander Kiel, Martin Wolf, Robin Köhler (robinkphotography.org) für eure tolle Kameradschaftlichkeit und die vielen schönen gemeinsamen Fototouren
- Timm Allrich (timmallrich.de), ohne den ich dieses Buch nicht gemacht hätte und ein Bruder im Geiste
- und vielen anderen guten Kollegen, die mit mir die Leidenschaft der Landschaftsfotografie in der Sächsisch-Böhmischen Schweiz teilen

DER FOTOGRAF

Die Fotografie begleitete mich, geboren 1986, in meiner Jugendzeit und auch nach meinem Abitur nur beiläufig. Mit der analogen Spiegelreflex meines Vaters hatte ich in Urlauben oder auf Spaziergängen gerne mal den ein oder anderen Schnappschuss gemacht. Meine erste eigene Kamera kaufte ich mir schließlich mit 20 Jahren, kurz vor meiner Thailandreise: eine gute Kompaktkamera von Panasonic mit sagenhaften sechs Megapixeln und einem sechsfachen optischen Zoom. Ich war total begeistert und knipste mit großer Freude drauflos. Die Reise allein in den Fernen Osten, nur mit einem Rucksack und dem Nötigsten im Gepäck, war für mich in vielerlei Hinsicht ein Augenöffner. Ich entdeckte die Freude am Wandern und Erkunden und entschied mich, Waldorferzieher zu werden.

An meiner Arbeitsstelle in einer Schule im Harzvorland war ich oft mit den Kindern in der Natur, und mit einem guten Freund erkundete ich häufig die Harzer Wälder. Auf Arbeit war meine kompakte Knipse stets für Dokumentationszwecke dabei, und auch bei den größeren Touren wollte ich meine Erlebnisse festhalten. Mit der Zeit öffnete ich meine Augen für besondere Situationen und wollte herausfinden, wie ich sie adäquat mit meiner Kamera festhalten kann. 2013, als ich mit einem guten Freund und Kollegen eine Alpenüberquerung plante, musste eine neue Kamera her: Sie sollte einen großen Bildsensor und manuelle Einstellungsmöglichkeiten haben und klein und leicht sein. Schnell fiel meine Wahl durch Recherche in Foren auf die Sony NEX-6.

Eine neue Welt tat sich dadurch für mich auf. Ich lernte durch stetigen Versuch und Irrtum die Möglichkeiten meiner Kamera kennen. Mein Budget war nicht hoch, und so fotografierte ich lange Zeit ausschließlich mit dem Kit-Objektiv und einer Festbrennweite. Gerade die 50-mm-Festbrennweite bot mir ein großes Lernfeld, was Bildaufbau und Bildwirkung betrifft. Neben der digitalen Fotografie und der damit verbundenen RAW-Bearbeitung probierte ich über ein Schülerprojekt auch die analoge Fotografie mitsamt der analogen Bildentwicklung aus.

Mein Lebensweg führte mich im Jahr 2014 wieder zurück in meine alte Heimat, die Sächsische Schweiz. Bis dahin hatte ich im dokumentarischen Bereich viele Erfahrungen sammeln können, und nun lag eine der reizvollsten Regionen Deutschlands direkt vor meiner Haustür. Die richtige Initialzündung im Bereich Landschaftsfotografie kam an einem eiskalten Januarmorgen 2015 im Basteigebiet. Auf zahlreichen Wanderungen, Ausflügen und Mehrtagestouren lernte ich die Vielfalt der Sächsischen Schweiz kennen und lieben.

Bereits im Sommer 2015 konnte ich den ersten Kontakt zum Tourismusverband Sächsische Schweiz knüpfen. Ich war sehr erfreut, dass ihnen meine Bilder gefielen und sie sogar ein paar davon kaufen wollten. Für mich als Neuling in der Landschaftsfotografie war dies ein enormer Zuspruch, der mir viel Selbstvertrauen gab, weiter meinen Ideen zu folgen. Seither finden meine Bilder in einer Vielzahl von Publikationen und Urlaubsmagazinen einen Platz. Des Weiteren erstelle ich in Zusammenarbeit mit einer lokalen Druckerei seit 2016 jedes Jahr einen Landschaftskalender, der es sogar schon bis an den Südpol geschafft hat.

Zwei weitere Höhepunkte waren außerdem, dass ich in dem Buch „Wanderlust" (Die Gestalten Verlag, Berlin 2017) mit dem Malerweg den einzigen Fernwanderweg aus Deutschland vorstellen durfte und das Buch in zahlreichen Rezensionen sehr positive Kritiken erhielt – auch wegen des Malerwegs. Die zweite Besonderheit war die Zusammenarbeit mit Stephan Wiesner an dem Zielfoto-Magazin über den Harz und das Elbsandsteingebirge. Damit bot mir Stephan eine ganz besondere Plattform, in seiner riesigen Community im deutschsprachigen Raum mit meinen Bildern aus der Sächsischen Schweiz bekannt zu werden.

Auf meiner Homepage www.philippzieger-photographie.de finden sich neben meinen Bildern aus der Sächsischen Schweiz auch Berichte von diesen und anderen Projekten, die ich in den letzten Jahren mit großer Begeisterung und Freude umsetzen konnte.

Neben all diesen schönen „Errungenschaften", blieb mir meine Ur-Motivation erhalten: das Draußensein, und Menschen mit meinen Bildern eine Freude zu machen. Ich genieße es, durch den dunklen Wald zu stapfen, all die Geräusche wahrzunehmen und den Elementen ausgesetzt zu sein. Die Anstrengungen bei einem schwierigen Aufstieg, die Lichtveränderungen während des Tagesanbruchs oder der einsetzenden Nacht – all diese Begleiterscheinungen zu einem Bild lassen mein Herz höher schlagen. Was mir jedoch gleichermaßen wichtig ist und ich nicht mehr missen möchte, sind die tollen Freunde und Kollegen, die ich über die Leidenschaft für die Landschaftsfotografie kennengelernt habe. Der regelmäßige Austausch und die gemeinsamen Touren sind ein großes Geschenk für die kreative und persönliche Weiterentwicklung eines jeden von uns geworden.

KAMERAEINSTELLUNGEN

Seite	Brenn-weite in mm	Belich-tung in Sek.	Blende f/	ISO	Kamera
4/5	24	1/10	7,1	100	Sony a6000
7	10	1/40	8,0	100	Sony a6000
9 o	98	1/60	9,0	100	Sony a6000
9 ul	14	1/4	9,0	100	Sony a6000
9 ur	86	10	10,0	100	Sony a7r
11	62	1/200	9,0	100	Sony a6000
12	90	0,6	5,0	100	Sony a6000
13	90	1/160	10,0	100	Sony a6500
14	12	10	10,0	400	Sony a6000
15	15	1/800	8,0	100	Sony a6000
16 l	126	1/400	5,6	200	Sony a7r
16 r	13	1/20	5,6	250	Sony a6500
17 l	19	1/500	5,6	100	Sony a7r
17 r	24	1/30	8,0	400	Sony a6500
18/19	13	1/10	8,0	100	Sony a6000
22	18	1/250	8,0	100	Sony a7r
22/23	74	1/40	6,3	200	Sony a7r
23	10	1/60	10,0	100	Sony a6000
24	12	0,4	11,0	100	Sony a6500
25	10	1	8,0	100	Sony a6500
26	24	1/6	9,0	100	Sony a6000
27	12	1/25	9,0	100	Sony a6000
28/29	16	1/500	9,0	100	Sony a6000
30/31	12	1/50	8,0	100	Sony a6000
32	11	1/13	8,0	100	Sony a6000
33	10	25	7,1	100	Sony a6500
34/35	16	1/125	14,0	100	Sony a6500
36	12	1,6	8,0	100	Sony a6000
37	125	0,6	10,0	100	Sony a6000
38 l	16	¼	10,0	100	Sony a6500
38 r	90	1/20	4,0	100	Sony a7r
39 l	24	2	10,0	100	Sony a6000
39 r	12	6	10,0	400	Sony a6500
40	24	1/20	6,3	100	Sony a6500
41	24	1/25	9,0	100	Sony a6000
42	24	5	6,3	100	Sony a6000
43	11	1/50	10,0	100	Sony a6500
44	90	1/200	5,0	100	Sony a6000
45	90	1/30	9,0	100	Sony a6000
46/47	84	1/60	6,3	200	Sony a7r
48	12	25	/	100	Sony a6500
49	177	15	6,3	400	Sony a7r
50/51	14	1/1000	8,0	100	Sony a6000
51	200	1/80	6,3	100	Sony a6500
52	50	1/60	8,0	200	Sony a6000
53	139	1/640	6,3	100	Sony a6500
54/55	14	1/15	10,0	100	Sony a6500
56	18	1/13	6,3	500	Sony a6500
58 r	90	1/160	5,6	200	Sony a6000
58 l	18	1/13	6,3	500	Sony a6500
59	16	1/10	16,0	100	Sony a6500
60/61	10	1/100	10,0	100	Sony a6500
62	16	1/6	5,6	100	Sony a6500
63	14	1/80	10,0	100	Sony a6500
64	12	1/20	8,0	100	Sony a6000
65	12	1/40	8,0	100	Sony a6500
67/68	90	1/160	8,0	100	Sony a6000
68/69	10	1/60	11,0	100	Sony a6000
70/71	16	1/3	10,0	100	Sony a6500
72	12	1/5	10,0	100	Sony a6500
73	70	1/400	6,3	100	Sony a7r
74	16	0,4	8,0	100	Sony a6500
75	16	1/2500	11,0	100	Sony a6500
76/77	24	1/200	10,0	100	Sony a6000
78	16	1/20	16,0	100	Sony a6500
79	116	1/25	11,0	100	Sony a6500
80	17	1/6	14,0	100	Sony a7ii
81	12	1/20	10,0	100	Sony a6500
82/83	10	1/250	9,0	100	Sony a6000
84/85	50	1/320	10,0	100	Sony a6500
86/87	11	1/320	13,0	100	Sony a6500
88	24	0,4	10,0	100	Sony a7r
89	97	1/500	9,0	200	Sony a7r
90/91	24	1/250	18,0	200	Sony a7r
92/93	16	1/13	16,0	100	Sony a6500
94/95	14	1/6	9,0	100	Sony a6000
98	16	1/8	11,0	320	Sony a6500
99 l	24	1/30	6,3	250	Sony a6500

→

Seite	Brenn-weite in mm	Belich-tung in Sek.	Blende f/	ISO	Kamera
99 r	24	1/60	5,6	100	Sony a6000
100	10	1/15	11,0	100	Sony a6500
101	168	1/10	4,0	100	Sony a6500
102	14	1/250	9,0	100	Sony a6000
103 o	90	1/400	5,6	100	Sony a6000
103 u	90	1/60	8,0	100	Sony a6500
104	13	1/60	11,0	100	Sony a6500
105	50	1/100	11,0	100	Sony a6500
106/107	24	1/6	8,0	100	Sony a6000
108	90	1/160	8,0	400	Sony a6000
109	90	1/4	10,0	100	Sony a6500
110/111	13	1/3	8,0	100	Sony a6500
112/113	11	1/5	9,0	100	Sony a6000
114	24	1/8	13,0	100	Sony a7r
115 o	103	1/50	5,6	200	Sony a7r
115 u	10	1/20	10,0	100	Sony a6500
116	16	1/40	10,0	100	Sony a6500
117	10	1/30	11,0	100	Sony a6500
118	10	0,5	10,0	100	Sony a6500
119	78	1/60	8,0	100	Sony a7r
120/121	12	1/30	11,0	100	Sony a7r
124	90	1/50	6,3	100	Sony a6000
125 l	24	1/125	7,1	100	Sony a6000
125 r	24	1/500	6,3	100	Sony a6000
126/127	24	1/8	9,0	100	Sony a6500
128/129	24	1/100	14,0	100	Sony a7r
130	210	1/500	9,0	100	Sony a6500
131	50	0,4	8,0	100	Sony a6500
132	13	1/160	9,0	100	Sony a6500
133	14	25	10,0	100	Sony a7r
134/135	10	1/4	5,6	100	Sony a6500
136	12	1/100	11,0	100	Sony a6500
137 oben	70	1/50	8,0	100	Sony a6500
137 u	200	1/40	5,6	100	Sony a6500
140/141	90	1/200	9,0	100	Sony a6000
142/143	10	1/320	10,0	100	Sony a6000
142/143	90	1/80	9,0	100	Sony a6000
144/145	81	247	4,0	100	Sony a7r
146 l	10	10	10,0	100	Sony a6000
146 r	16	8	1,4	2500	Sony a6500
147	112	30	5,6	400	Sony a7r
148/149	16	5	2,5	400	Sony a6500
150	24	10	3,2	125	Sony a6000
151	24	30	7,1	400	Sony a6500
152	16	249	8,0	400	Sony a6500
153	17	30	5,0	640	Sony a6500
154/155	14	30	8,0	500	Sony a6500
156/157	16	10	1,4	2500	Sony a6500
158	16	13	1,4	2000	Sony a6500
159	12	5	1,4	6400	Sony a6500
160/161	24	60	1,4	5000	Sony a7r
164	12	0,5	10,0	100	Sony a6000

Faszinierendes Mecklenburg-Vorpommern

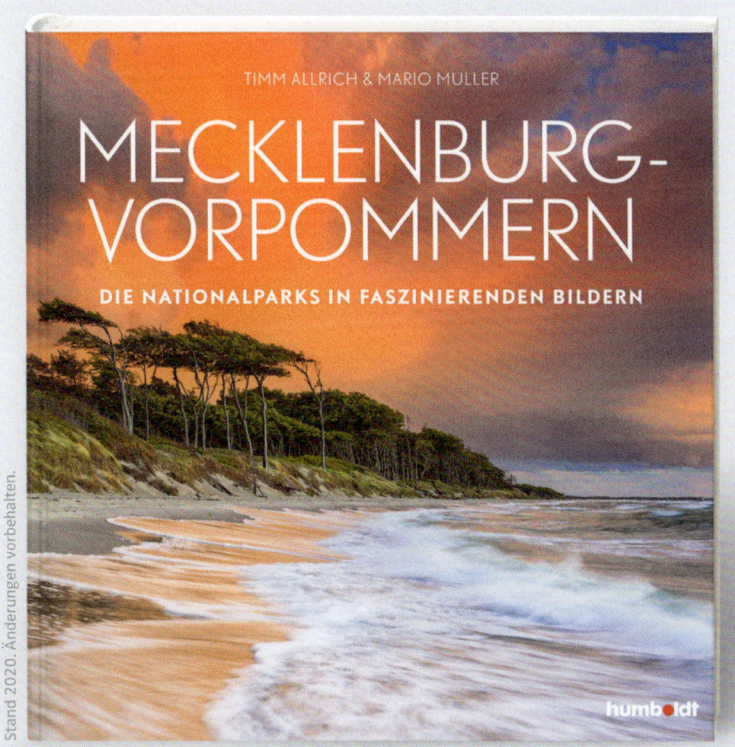

- Ein eindrucksvoller Bildband der herausragenden Landschafts- und Tierfotografen Timm Allrich und Mario Müller
- Mit vielen spannenden Informationen zu den drei Nationalparks in Mecklenburg-Vorpommern: Nationalpark Vorpommersche Boddenlandschaft, Nationalpark Jasmund, Müritz-Nationalpark
- Mit praktischen Übersichtskarten, in denen die Aufnahmeorte der Bilder markiert sind

Timm Allrich / Mario Müller
Mecklenburg-Vorpommern
160 Seiten, ca. 160 Fotos
24,0 x 24,0 cm, Hardcover
ISBN 978-3-8426-5506-5
€ 29,90 (D) / € 30,80 (A)

Das Buch ist auch als eBook erhältlich.

...bringt es auf den Punkt.

Bibliografische Information der Deutschen Nationalbibliothek
Die Deutsche Nationalbibliothek verzeichnet diese Publikation in der deutschen National-
bibliografie; detaillierte bibliografische Daten sind im Internet über https://dnb.de abrufbar.

ISBN 978-3-8426-5521-8 (Print)
ISBN 978-3-8426-5522-5 (PDF)
ISBN 978-3-8426-5523-2 (EPUB)

Originalausgabe

© 2020 humboldt
Die Ratgebermarke der Schlüterschen Verlagsgesellschaft mbH & Co. KG
Hans-Böckler-Allee 7, 30173 Hannover
www.humboldt.de
www.schluetersche.de

Aus Gründen der besseren Lesbarkeit wurde in diesem Buch teilweise die männliche Form gewählt, nichtsdestoweniger beziehen sich Personenbezeichnungen gleichermaßen auf Angehörige des männlichen und weiblichen Geschlechts sowie auf Menschen, die sich keinem Geschlecht zugehörig fühlen.

Autor und Verlag haben dieses Buch sorgfältig erstellt und geprüft. Für eventuelle Fehler kann dennoch keine Gewähr übernommen werden. Weder Autor noch Verlag können für eventuelle Nachteile oder Schäden, die aus in diesem Buch vorgestellten Erfahrungen, Meinungen, Methoden und praktischen Hinweisen resultieren, eine Haftung übernehmen.

Etwaige geschützte Warennamen (Warenzeichen) werden nicht besonders kenntlich gemacht. Daraus kann nicht geschlossen werden, dass es sich um freie Warennamen handelt.

Alle Rechte vorbehalten. Das Werk ist urheberrechtlich geschützt. Jede Verwertung außerhalb der gesetzlich geregelten Fälle muss vom Verlag schriftlich genehmigt werden.

Lektorat:	wort & tat, Linda Strehl, München
Layout und Satz:	PER MEDIEN & MARKETING GmbH
Covergestaltung:	ZERO, München
Covermotiv:	Philipp Zieger
Fotos:	Philipp Zieger; außer S. 163 (Martin Kirsch)
Karten:	© mapz.com – Map Data: OpenStreetMap ODbL
Druck und Bindung:	Neografia, Martin-Priekopa, Slovakia